Kulinarische Streifzüge durch China

Wolfgang W. Reichert
Eugene H. Liu

Kulinarische Streifzüge durch China

Mit 75 Rezepten,
exklusiv fotografiert
für dieses Buch
von
Hans Joachim Döbbelin

SIGLOCH
EDITION

Zur Abbildung auf Seite 2: Menschengewimmel wie auf dem Straßenmarkt in Guilin sind im volkreichsten Land der Erde eine Alltäglichkeit. Über eine Milliarde Menschen wollen versorgt sein. Seit die Regierung Eigeninitiative in der Landwirtschaft erlaubt, können die Bauern ihre Überschüsse auf den freien Märkten direkt an die Verbraucher verkaufen und so ein klein wenig in die eigene Tasche wirtschaften.
Rechts: Lustig, laut und leger geht es zu, wenn die Chinesen ihrer Lieblingsbeschäftigung nachgehen. Dabei sitzt man gerne an runden Tischen, denn so läßt sich am angenehmsten zugleich essen und plaudern.

Sigloch Edition & Co., Lettenstraße 3, CH-6343 Rotkreuz/Zug
Verlagsleitung: Hans Kalis
 Printed in Germany
Redaktion und Herstellung: Sonja Reichert und Michael Sanny, Sigloch Edition, Künzelsau
Reproduktion: Otterbach Repro, Rastatt
Satz: Setzerei Lihs, Ludwigsburg
Druck: W. Kohlhammer, Stuttgart
Papier: 135 g/qm BVS der Papierfabrik Scheufelen, Lenningen
Bindearbeiten: Sigloch Buchbinderei, Künzelsau
ISBN 3 89393 017 5

„Chifan le ma?" – „Hast du schon gegessen?"

Mit dieser Frage begrüßen sich in China Freunde oder Bekannte, bei Gelegenheiten, wo wir „Na, wie geht's?" sagen würden. Schon gegessen zu haben, ist also so wichtig, daß es zum Alltagsgruß geworden ist, mit Wohlbefinden, ja Wohlergehen gleichgesetzt wird.

Das kommt nicht von ungefähr, denn volle Reisschüsseln waren nicht immer eine Selbstverständlichkeit im Reich der Mitte. Im drittgrößten Land der Erde, das zweimal größer ist als Europa, größer als die USA einschließlich Alaska und Hawaii, wo sich über eine Milliarde Menschen auf fünfzehn Prozent der Fläche des Landes vor allem in den großen Tälern des Huang He (des Gelben Flusses), des Chang Jiang (Jangtsekiang) und im Roten Becken Sichuans (Szechuans) zusammendrängen, hat es vor nicht allzu langer Zeit noch Hungersnöte gegeben.

Heute haben es die Chinesen geschafft, ein Viertel der Weltbevölkerung auf nur sieben Prozent der kultivierten Fläche unseres Planeten zu ernähren. Andererseits haben sie eine der berühmtesten Küchen hervorgebracht, die als die vielfältigste schlechthin gilt, in der es über zehntausend verschiedene Gerichte geben soll.

War also der Mangel der Vater dieser Vielfalt? Zumindest was den armen Teil der Bevölkerung anbelangt, galt und gilt auch heute noch, aus dem wenigen, das man zur Verfügung hat, das Beste zu machen. Und das Bedürfnis, diesen Mangel gut zu verwalten, erzeugte die beispiellose Vielfalt und den Einfallsreichtum einer mehrere Jahrtausende alten Eßkultur.

„Harmonie der Gegensätze", so lautet das kulinarische Motto in einem Land, das neben einer riesigen Bevölkerungszahl mit den dra-

Die Küche wird bei gutem Wetter ins Freie verlegt. Dann kann man beobachten, wie durch Ziehen von Teigsträngen Nudeln von Hand hergestellt werden. „Je länger, je lieber“, scheint sich der Koch zu sagen, denn in China symbolisieren lange Nudeln ein langes Leben.
Garküchen an jeder Straßenecke bieten kleine Köstlichkeiten wie gefüllte Teigklößchen an, die man zwischendurch im Vorbeigehen immer wieder gerne ißt.

matischsten landschaftlichen Extremen aufwarten kann, von den schneebedeckten Gipfeln der höchsten Berge der Welt in Tibet bis zu den tiefstgelegenen Gebieten, der Senke Turfan, vom tropischen Regenwald im Süden bis zu den trockenen, kalten Steppen der Inneren Mongolei. Diese unterschiedlichsten klimatischen und geografischen Verhältnisse lassen die chinesischen Köche andererseits aus dem vollen schöpfen, aus einem unglaublich vielfältigen Angebot an Gemüsen, Früchten, Getreidesorten und Tieren.

Harmonie der Gegensätze, dieses Motto bezieht sich auch auf die Bevölkerung. Zwar gehört die große Mehrheit zu der Volksgruppe der Han-Chinesen, doch leben in China über fünfzig weitere ethnische Gruppen, die überall auf den Speiseplänen ihre Spuren hinterlassen haben.

Dieses riesige Volk ist sich jedoch zumindest in einem Punkt einig: Gutes Essen und dessen sorgfältige Zubereitung sind ein Muß im chinesischen Alltag, dem jeder mit Freude und Enthusiasmus nachkommt. Essen ist eine wichtige Säule der chinesischen Kultur, die nach neuesten Schätzungen immerhin auf eine siebentausendjährige Geschichte zurückblicken kann. Die Chinesen reden gern stundenlang über das Essen und jeder, ob er nun arm oder reich ist, Intellektueller oder Arbeiter, aus dem Norden oder Süden kommt, weiß immer, wo es den besten Restaurantkoch in der Gegend gibt, wo man die jeweiligen Zutaten frisch und billig kaufen kann und wie ein bestimmtes Gericht seiner Meinung nach zubereitet werden sollte.

In der Regel essen die Chinesen dreimal täglich warm. Dafür nehmen sie auch etliche Mühen auf sich. Um frische Zutaten auf den Tisch zu bekommen, gehen sie nicht selten dreimal täglich einkaufen, ein für uns kaum vorstellbarer Aufwand. Oft überläßt man den Einkauf den Großeltern, falls mehrere Generationen unter einem Dach wohnen, denn die Frauen sind meistens berufstätig. Die alten Herrschaften sieht man dann mit Kennerblikken über die Märkte ziehen, mit Gemüsebündeln und Schüsseln in der Hand. Tiere werden fast immer lebend angeboten, denn nur so kann der Käufer absolut sicher sein, daß das, was er auf den Tisch bringen möchte, auch wirklich frisch ist. Dabei darf man natürlich nicht vergessen, daß Kühlschränke oder gar Tiefkühltruhen im chinesischen Haushalt auch heute noch eher die Ausnahme sind.

Essen bedeutet in China wie auch anderswo natürlich in erster Linie zum Überleben notwendige Nahrungsaufnahme, aber ebensosehr ist es Vergnügen, Anlaß für soziale Zusammenkünfte und Feste, seien sie nun im Jahresrhythmus festgelegt oder familiärer Art. Falls geschäftliche oder diplomatische Verhandlungen einmal ins Stocken geraten sollten, versuchen die Chinesen die verfahrene Situation bei einem gemeinsamen Essen wieder ins Lot zu bringen, was meistens auch gelingt. Gastfreundschaft drückt sich immer in einem festlichen Essen aus, keine Familienzusammenkunft ohne kulinarische Genüsse, kein religiöser Feiertag, bei dem nicht auch den Göttern und Ahnen Gaumenfreuden angeboten werden, denn vor allem für sie ist das Beste gerade gut genug.

Essen ist im Leben der Chinesen von so zentraler Bedeutung, daß es in bildhaften Ausdrücken in die Alltagssprache eingegangen ist. „Essig essen" bedeutet, neidisch oder eifersüchtig zu sein, „das *doufu* (Tofu) eines anderen essen" ist gleichzusetzen mit jemanden auf den Arm nehmen, dicke Beine sind „Rübenbeine", und in Hongkong bedeutet „Eis mit den Augen essen", daß man nicht gerade mit Abneigung die Angehörigen des anderen Geschlechts begutachtet.

Die Faszination des Essens hängt eng zusammen mit der chinesischen Heilkunst. Bevor man in China bei kleinen Beschwerden zu Pillen greift, sieht man sich zuerst in der Natur um, denn eine ausgewogene Ernährung kann viel zur Beseitigung eines Zipperleins beitragen.

Aus dieser Grundüberzeugung heraus muß man das sorgfältige Bemühen um Qualität im Kochtopf verstehen.

Yin und Yang auch in der Küche

Die Liebe der Chinesen zum Essen ist auch philosophischer Natur, in ihren Eßgewohnheiten spiegelt sich die Auffassung von der Harmonie der Gegensätze, vom Gleichgewicht in der Natur und der Lebenskräfte. Schon im vierten vorchristlichen Jahrhundert war in dem daoistischen Klassiker *Daodejing* (Taoteking) die chinesische Kochkunst Gegenstand philosophischer Abhandlungen. Die fünf Geschmacksrichtungen Bitter, Salzig, Sauer, Scharf und Süß könnten, jede in ihrer Reinform und unvermischt genossen, den Geschmackssinn ruinieren, da jeder Sinn, der voll beansprucht werde, schließlich abstumpfe.

Aus diesem Grund war es seit jeher ein Ziel der chinesichen Kochkunst, diese fünf Geschmacksrichtungen zu kombinieren, sie sich gegenseitig durchdringen zu lassen.

Die mit Yin und Yang bezeichnete metaphysische Theorie, daß sich die Erde und der sie umgebende Kosmos im glücklichen Gleichgewicht befänden, daß diese beiden sich ausgleichenden Gegensätze in allen Bereichen des Lebens eine übergeordnete Harmonie herbeiführten, macht auch vor dem Wok, dem chinesischen Kochtopf, nicht halt.

Yin wäre sanft, weich, dunkel, weiblich, Yang dagegen stark, hart, hell und männlich. In der Kunst des Kochens sollen daher Gegensätze eine Harmonie in Hinsicht auf Beschaffenheit der Zutaten, auf Geschmack, Farbe und Garmethoden ergeben. Aus dieser philosophischen Theorie der harmonierenden Gegensätze kombinieren die Chinesen ihre Gerichte. Dabei wird Heiß und Kalt, Süß und Sauer, Mild und Scharf, Knusprig und Weich nach Belieben kombiniert, gemischt, aufeinander abgestimmt.

Auch die Zutaten werden nach diesem übergeordneten Prinzip zusammengestellt: Die beiden Grundpfeiler der chinesischen Kochkunst, Lauchzwiebeln und Ingwer, verbinden Süßes und Saures mit Scharfem; weiches gedämpftes Fleisch, das auf der Zunge zergeht, erfährt seine harmonische Vollendung in der Verbindung mit kurzgebratenem, knackigem Gemüse; die Kontraste von Yin und Yang erfahren in der Kombination von Chili und Zucker ihre kulinarische Entsprechung.

Eine immer wiederkehrende Aufforderung zum Essen lautet: „Das ist gut für deine Gesundheit, weil es den vitalen Strom von Energie und Lebenskraft (Qi) unterstützt und die dunklen und hellen Kräfte des Yin und Yang aufrechterhält.“ Nahrung und Medizin sind demnach genausowenig zu trennen wie Körper und Seele.

Dort, wo Harmonie und Gegensatz Küchenmeister sind, kann es keine starren, unumstößlichen Regeln, keine Dogmen, keine Maßstäbe und für immer festgelegte Methoden geben. Die Zusammensetzung der Zutaten richtet sich vornehmlich nach dem jahreszeitlichen Angebot, aus dem, was die Natur bietet, wird das Beste gemacht.

Schon Marco Polo war von der Chinaküche begeistert: „Keine andere Küche der Welt schenkt uns aus dem fast Nichts so viel Glückseligkeit.“ Er war schließlich siebzehn Jahre lang in den Diensten des Mongolenherrschers Kublai-Khan und mußte es wissen.

Harmonie und Kontraste bestimmen nicht nur die einzelnen Gerichte, sondern auch die Menüabfolge, also folgen nicht nur Fleisch, Geflügel, Fisch, Gemüse aufeinander, sondern auch die Garmethoden sollen sich innerhalb eines mehrgängigen Menüs abwechseln. Vielseitigkeit, Kontraste und Harmonie bestimmen die chinesische Küche mit ihren unendlich vielen Variationsmöglichkeiten. Grundlage davon ist ein Unzahl von Zutaten, geerntet in einem Land, das sich von den rauhen Steppen der Mongolei bis zu den tropischen Gefilden Hainans erstreckt.

Eine chinesische Mahlzeit wird wie ein Meisterwerk komponiert: Heiß und Kalt, Süß und Sauer, Weich und Fest – Yin und Yang.

Wenn das Qi, die Lebensenergie, nicht fließt, bedient man sich der Kräuter, Wurzeln, Pülverchen und Tinkturen aus der traditionellen chinesischen Heilmittelkunde.

Selbst wenn die Menge der Glasnudeln auch noch so beeindruckend ist, die die beiden mit Hilfe von Stangen zum Markt tragen, die dünnen Gebilde aus Mungobohnen- oder Reismehl können doch nicht allzu schwer sein. Geflügel ist immer ein Festessen, dafür nehmen die Chinesen auch gerne und geduldig Schlangestehen in Kauf. Sie stellen hohe Ansprüche an Frische und Qualität, deshalb werden die Gänse lebend auf dem Markt präsentiert.

Alle Köstlichkeiten von Land und Meer

Eine einheitliche chinesische Küche kann es nicht geben, denn das hieße, die Rezepte eines Gebietes, das größer als Europa ist, in einen Topf zu werfen. Die Eßgewohnheiten sind von Provinz zu Provinz verschieden, ja oft von Stadt zu Stadt, und ein nach traditionellen Rezepten zubereitetes Gericht kann in zwei benachbarten Dörfern schon völlig anders schmecken.

Dennoch gibt es grundsätzliche Gemeinsamkeiten, die die chinesische Kochkunst ausmachen, sie erst chinesisch machen. Frische der Zutaten und natürlicher Geschmack sind die obersten Gebote. Um den natürlichen Geschmack zu bewahren, werden Gemüse, Fisch und Fleisch in kleine Häppchen geteilt und möglichst kurz gegart. Das heißt aber nicht, daß es den großen Braten nicht gibt, aber er ist eher eine Randerscheinung und kommt ebenfalls in mundgerechte Stückchen zerteilt auf den Tisch.

Vor allem kurze Garzeiten sind das Geheimnis der chinesischen Kochkunst, die somit im krassen Gegensatz zu unserer Kochtradition steht, alles eher zu lange zu kochen. Die Vorliebe für kurze Garzeiten hat einen naheliegenden Grund: Überall in China war schon immer der Brennstoff knapp, und wer mit ein wenig getrocknetem Dung eine komplette warme Mahlzeit herstellen soll, muß eine Methode finden, bei der mit kurzer, aber großer Hitze ein möglichst gutes Ergebnis erzielt werden kann. Und so wurde das kurze Garen erfunden, das sogenannte Pfannenrühren. Es versteht sich von selbst, daß kleingeschnittene Zutaten ungleich schneller gar sind als große Stücke.

Die Garmethoden tauchen in allen Regionen mehr oder weniger in derselben Form auf, wenn auch in der einen oder anderen Gegend lieber gedämpft, geschmort, fritiert oder pfannengerührt wird.

Dazu kommen ein paar wenige Zutaten, die im Norden ebensogern verwendet werden wie im Süden. Die Sojasauce, von bösen Zungen schon als das „Ketchup des Ostens" bezeichnet, ist in der chinesischen Küche unverzichtbar und keinesfalls eine moderne Fertigsauce, sondern sie kann auf eine stolze Geschichte von zweitausend Jahren zurückblicken und wird immer noch nach den uralten Rezepten zubereitet. Ingwerwurzeln spielen eine ebenso große Rolle wie Lauchzwiebeln, diese kulinarischen Verbündeten fehlen in kaum einem chinesischen Gericht.

Ein chinesisches Essen besteht traditionell aus zwei verschiedenen Elementen: *fan* und *cai*. *Fan* wäre Reis, Nudeln, Brot oder andere Getreideprodukte, *cai* bezeichnet Fleisch, Fisch und Gemüse, deren Aufgabe es ist, *fan* erst Geschmack zu geben.

Die Nahrung der Chinesen setzt sich daher im Durchschnitt aus fast achtzig Prozent Getreide- und Bohnenprodukten zusammen. Die restlichen zwanzig Prozent entfallen auf Gemüse, Früchte und Fleisch. Wenn auch Reis das absolute Grundnahrungsmittel ist, werden im Norden mehr Weizenprodukte gegessen. Stark vereinfacht, liegt diese Weizen-Nudel-Grenze zwischen den beiden Flüssen Huang He und Chang Jiang.

In der Aufteilung der kulinarischen Regionen sind sich die Experten oft nicht einig, man kann aber aufgrund von klimatischen Verhältnissen und den damit zusammenhängenden Anbaumöglichkeiten, aufgrund der Zusammenstellung verschiedenster Zutaten und der Betonung bestimmter Garmethoden vier Regionen unterscheiden: den Norden mit dem Zentrum Beijing (Peking), den Osten mit dem Mittelpunkt Shanghai, den Südwesten mit der Provinz Sichuan (Szechuan) und den Süden mit der Stadt Guangzhou (Kanton) als Kristallisationspunkt.

Feine Hofküche und solide Bauernkost im Norden

Die Küche des Nordens vereinigt die krassesten Gegensätze. Hier findet sich Feinstes aus den kaiserlichen Hofküchen vergangener Tage und Robustes, Sättigendes aus den Töpfen der Bauern, die in den Provinzen Gansu (Kansu), Heilongjiang (Heilungkiang) und den autonomen Gebieten Ningxia (Ninghsia) und der Inneren Mongolei leben.

Beijing ist das kulinarische Zentrum des Nordens, sein Einfluß strahlt in die Provinzen Hebei (Hopeh), Shanxi (Shansi) und Henan (Honan) aus. Die kaiserlichen Hofköche hinterließen ihren Einfallsreichtum und ihre exklusiven Rezepte, denn unter ihnen befanden sich immerhin die besten des gesamten Reiches. Dort konnte man sich auch die teuersten und besten Zutaten leisten. Von Bärentatzen, Kamelhöckern und Affenlippen wird schon in der frühen Literatur berichtet; diese für uns undenkbaren kulinarischen Exotika sind allerdings auch zusammen mit dem letzten Kaiser verschwunden.

Bis zu zweitausend Köche sollen zuweilen in der Verbotenen Stadt die verwöhnten Gaumen des Kaisers, der kaiserlichen Familie, der dort lebenden Eunuchen, Konkubinen und des ganzen übrigen Hofstaates mit den feinsten Leckerbissen verwöhnt haben. Oft wird behauptet, die Mandschus der letzten Kaiserdynastie hätten nur deshalb die Herrschaft an sich gerissen, weil sie endlich einmal etwas Vernünftiges zwischen die Zähne bekommen wollten. Die chinesischen Gerichte scheinen ihnen geschmeckt zu haben, denn sie blieben immerhin drei Jahrhunderte auf dem Drachenthron (1644–1911). Von ihrer eigenen Kochtradition ist jedoch nichts Erwähnenswertes übriggeblieben.

Heute findet man in Beijing viele Restaurants, in denen alle die verkehren, die eine Hauptstadt anzieht: Diplomaten, Geschäftsleute, Beamte und Touristen. Hier wird ihnen eine Vielzahl an Gerichten geboten, von denen die Bauern in den Nordprovinzen nur träumen können. Die vielen kleinen und großen Restaurants sind ein Spiegelbild der Eßkultur der verschiedensten Provinzen und ethnischen Gruppen.

Die regionale Küche Nordchinas wird von den extremen klimatischen Verhältnissen bestimmt, die den Anbau von Gemüse und Getreide erheblich einschränken. In den kurzen, heißen Sommern gibt es plötzlich Melonen, Auberginen, Kürbisse, Zucchinis und Blumenkohl auf den Märkten. Es dauert jedoch nicht lange, bis der Speisezettel wieder nur vom rauhen Winter diktiert wird und Kohl, weiße Rüben, Weizen- und Hirseprodukte auf den Tisch kommen. Das sind die Hauptbestandteile der deftigen Eintopfgerichte in den Bauernhäusern. Und nicht einmal das ist immer gesichert.

In den vergangenen Jahrhunderten wurde der Norden Chinas von vielen Mißernten und Hungersnöten heimgesucht. Schuld daran waren Dürrezeiten und der Huang He, die Geißel Chinas, der schon immer Fluch und Segen zugleich war. Wenn er mit seinen gewaltigen Wassermassen das Land überschwemmt hatte, waren oft verheerende Hungerkatastrophen die Folge. Sein Segen ist der Löß, den er in Mengen mit sich führt, das angeschwemmte Material setzt sich an den Ufern ab und ergibt fruchtbaren Boden.

In einer Zeitspanne von zweitausend Jahren haben die Chinesen immer wieder versucht,

In mühseliger Handarbeit wurden die Lößhänge in der Provinz Shanxi zu Terrassen verwandelt, auf denen, wenn der Wettergott Regen schickt, Getreide angebaut werden kann.

Die Kaiser des Reiches der Mitte brachten ihr Selbstverständnis in prunkvollen Palästen zum Ausdruck. In der Verbotenen Stadt (oben der Palast der Himmlischen Reinheit) lebten sie mit einem Hofstaat von zehntausend Menschen. Im Himmelstempel mit seiner eindrucksvollen Kuppel (rechts) hielten die Kaiser als Söhne des Himmels Zwiesprache mit den Göttern. Erholen konnten sich die Herrscher im Sommerpalast, einer parkähnlichen Anlage mit Palästen, Tempeln und Pagoden am Kunming-See (links).

diesen bedrohlichen gelben Drachen durch Eindeichung zu bändigen, er hat es aber immer wieder geschafft, die vom Menschen geschaffenen Ketten zu sprengen, indem er seinen Lauf wechselte und Dämme durchbrach. Seit etwa dreißig Jahren gilt er als gebändigt. Deiche wurden mit einem unglaublichen Aufgebot menschlicher Arbeitskraft unter etlichen Niederlagen und Mißerfolgen schließlich restauriert. In China ersetzen noch immer Menschen zum großen Teil Maschinen. Mit Hacken, Schaufeln und Körben bändigten die Chinesen die Wassermassen und haben heute, auf das ganze Land bezogen, fünfzehn Prozent der Fläche urbar gemacht. Dabei halfen ihnen Wasserbüffel, Esel, Pferde und Ochsen, nicht selten zogen die Menschen selbst die Pflüge. Staudämme wurden angelegt, die die unberechenbare Wut dieser gelben Schlange in geordnete Bahnen lenken sollten. Man terrassierte die steilen Lößhänge an den Ufern, so daß dort heute in beschränktem Maße Getreide angebaut werden kann. Ein Arbeiter aus Henan sagte dazu: „In der Vergangenheit boten die Menschen dem Fluß Laternen aus Lotusblättern an, um ihn zu besänftigen, brachten den Flußgöttern Opfer, knieten an den Ufern zum Gebet nieder. Heute sind wir die Flußgötter."

Aber eine andere Gefahr bedroht die Bauern in Chinas Nordprovinzen. Nördlich der Großen Mauer erstreckt sich ein Wüstengürtel in einer Breite von sechshundert Kilometern über das ganze Land. Ohne die mühsamen Versuche, diese Wüste zu bepflanzen, die vom Wind abgetragene Lößerde durch Baum- und Strauchbewuchs festzuhalten, würde sie sich immer weiter ausbreiten, Dörfer und Städte unter einer dicken Schicht begraben.

Der Bau dieser „grünen Mauer", die sich eines Tages als Waldstreifen durch ganz Nordchina ziehen soll, wird in den letzten Jahren stark vorangetrieben. Oft müssen die neu angepflanzten Bäumchen von Hand gegossen werden, bis sie ein Wurzelwerk entwickelt haben, das den Stürmen standhält und weitere Erosion verhindert.

Was die Bauern dem wilden Klima abtrotzen, wird in Beijing in unzähligen Restaurants oder in der Großen Halle des Volkes als köstlich gefüllte Teigtaschen, Mandarinpfannkuchen, Pekingente oder zum mongolischen Feuertopf angeboten.

Wahrscheinlich ißt man am authentischsten in den kleinen Restaurants Beijings, jedenfalls werden dort kaum geschmackliche Zugeständnisse an die „langnasigen" Ausländer gemacht. In den Garküchen auf den Straßen gibt es Früchte und Teigtaschen mit süßen oder süß-sauren Füllungen. Fische spielen in der Peking-Küche eine untergeordnete Rolle, denn im Huang He, so behauptet man, könne in den Unmassen an mitgeschwemmtem Löß kein Fisch atmen. Unter den zahllosen Weizenprodukten gibt es viele Nudelarten, deren Herstellung an Straßenständen beobachtet werden kann. Durch mehrmaliges kreisförmiges Schwingen von Teigsträngen werden von Hand Nudeln produziert, die kurzgebraten als Beilage zu Fleischgerichten oder als Suppeneinlage gegessen werden. Die Nudelherstellung hat ja in China ihren Ursprung, und es soll Marco Polo gewesen sein, der den Italienern diese dünnen Gebilde aus Teig von seinen Reisen mitgebracht hat.

Fast jeder verbindet Chinaküche mit einem weltberühmten Gericht, der Pekingente. Kenner behaupten, die echte Pekingente gebe es nur vor Ort in den Entenrestaurants, denn nur dort, wo die Zubereitungsphasen genau eingehalten würden, könne das Glanzstück der chinesischen Kochkunst in wahrer Meisterschaft entstehen.

Die Pekingente ist ein gutes Beispiel dafür, wie sich die Zubereitung eines Gerichtes unter dem Einfluß des jeweiligen Herrscherhauses verändert hat. Ihre Geschichte geht zurück bis zur Song-Dynastie (960–1279). Damals wurde die Ente in einer Lehmkruste gegart. Später, während der Yuan-Zeit (1271–1368), unter der Herrschaft der Mongolen, wurde sie mit Hammelfleisch gefüllt, um sie so den Geschmacksgepflogenheiten der Herrscher aus dem Norden anzupassen.

Nur die weniger steilen Fleckchen Erde sind für den Terrassenbau geeignet.

Seit der Ming-Dynastie (1368–1644) wird eine besondere weiße Entenrasse mit dünner Haut und zartem Fleisch bevorzugt.

Heute muß eine Pekingente eine sechzig- bis siebzigtägige Vorbereitungszeit durchlaufen, bis sie als Höhepunkt eines festlichen Essens serviert werden kann. Nur zwanzig Tage dauert die Freiheit des Kükens, bis die Stopfprozedur beginnt, denn nur eine genau festgelegte Futtermischung führt zu schmackhaftem, zartem Fleisch. Eine Tortur, die bei uns die Tierschützer zu Recht auf den Plan rufen würde. Alle sechs Stunden wandert ein Gemisch aus Kichererbsen, Sorghumhirse und Weizenschrot, das zu Kügelchen geformt wurde, in den Entenschlund. Das sind etwa dreihundert Gramm täglich, dabei nimmt sie fünfzig bis sechzig Gramm zu. Nach etwa fünfzig bis sechzig Tagen und einem stolzen Gewicht von etwa drei Kilogramm wird sie geschlachtet.

Während der viertägigen Vorbereitung zum Braten sind einige kosmetische Verschönerungen nötig, damit sie nicht nur gut schmeckt, sondern auch noch gut aussieht. Um ihre Hautrunzeln zu glätten, wird Luft zwischen Haut und Fleisch geblasen, was sie nicht nur ansehnlicher, sondern beim Braten auch unbeschreiblich knusprig macht. Damit sie ihre vornehme Blässe schnell verliert, wird die Haut mit Malzzucker eingerieben. Nun darf der rotbraune Teint an der Luft trocknen. Vor dem eigentlichen Bratvorgang wird das Innere der Ente mit heißem Wasser angefüllt, damit genau der richtige Feuchtigkeitsgrad entsteht. Gebraten wird der wertvolle Vogel in einem runden Ofen über einem offenen Feuer, das mit Dattel-, Pfirsich- oder Birnbaumholz unterhalten wird.

Sobald die Verwandlung vom weißen Vogel zum Eßkunstwerk vollendet ist, präsentiert der Koch seine Ente als Ganzes seinen Gästen, um sie dann jedoch wieder hinauszutragen. In der Küche wird sie in etwa achzig bis hundert Teile zerlegt, danach am Tisch mit verschiedenen leckeren Saucen zum Dippen und Mandarinpfannkuchen verspeist. Man sieht also, daß den chinesischen Köchen keine noch so langwierige Zubereitungsprozedur zu aufwendig ist.

Der Einfluß der Mongolen ist in den Speisen Nordchinas heute noch zu spüren, auch wenn die Herrschaft der „Teufelsreiter" aus dem Norden nur knapp hundert Jahre gedauert hat. Der Enkel Dschingis-Khans, Kublai-Khan (1215–1294), unterwarf ganz China und machte Beijing zur Hauptstadt. Rege Handelsverbindungen nach Europa wurden zu dieser Zeit aufgebaut. Über die Seidenstraße kamen aus der hochentwickelten chinesischen Kultur nicht nur Seide, sondern auch Schießpulver, Papiermacherkunst und Porzellan in den Westen.

Die kleine Oberschicht der damals herrschenden Mongolen hinterließ den heute in ganz China beliebten mongolischen Feuertopf. Er ist ein Beispiel für die Vorliebe der Chinesen, bei der Zubereitung des Essens dabeizusein. Feinschmeckerrestaurants in Beijing bevorzugen für den Feuertopf das Fleisch von Schafen, die auf den saftigen Weideflächen der Inneren Mongolei groß geworden sind und ein zartes, fast geruchloses, aber dennoch schmackhaftes Fleisch angesetzt haben.

In einer Art Fonduetopf, der allerdings in der Mitte einen „Schornstein" hat und mit glühender Holzkohle gefüllt ist, wird heiße Brühe gegeben. In hauchdünne Scheibchen geschnittenes Fleisch, je nach regionalen Vorlieben von Hammel, Lamm, Schwein, Rind oder auch von Meerestieren, wird kurz mit Hilfe von Drahtkörbchen in der brodelnden Brühe am Tisch gegart. Dazu ißt man ebenfalls kurzgegarte Scheibchen von verschiedenen Gemüsen. Zum Dippen steht eine Anzahl von leckeren Saucen bereit. Abschluß bildet eine Suppe aus der vom vielen Fleischgaren kräftigen Brühe und Nudeln, die jeder aus einem Schälchen löffelt.

Das Volk der Hui, Moslems aus dem Nordwesten Chinas, der Provinz Gansu und dem autonomen Gebiet Ningxia, pflegt seine eigene Kochtradition. Im Laufe der Zeit hat sie sich im ganzen Norden verbreitet, da die Moslems ihre Metzger und Köche überallhin mitnahmen, denn die Chinesen haben nun einmal eine Vorliebe für Schweinefleisch und nicht selten auch für Alkohol, Dinge, die der Koran verbietet. Aus Sichuan haben die Moslems die Chilis übernommen, außerdem lieben sie Knoblauch und Zwiebeln.

Eine kulinarische Ausnahme in der Küche des Nordens stellt die Provinz Shandong (Schantung) dar. Durch die Küstenlage begünstigt, vereinigt sie auf ihren Speisekarten den Fischreichtum des Südens mit den landwirtschaftlichen Erzeugnissen des Nordens. Von Konfuzius, dessen Heimat Shandong ist und der sich in vielen seiner Weisheiten über das Essen und über kulinarische Verhaltensweisen ausgelassen hat, wissen wir, daß die Eßkultur zu seiner Zeit (551–479 v. Chr.) bereits hochentwickelt war. Er ließ sich allerdings nicht über bestimmte Gerichte oder Rezepte aus. Fisch, Wild, Gemüse und Hirse waren nach seinen Aussagen in Shandong schon damals sehr beliebt.

Heute wird Shandong vor allem wegen seines Fischreichtums, seiner Weizenprodukte und der Süßkartoffeln geschätzt – und natürlich wegen seiner Seide. Im Jahre 1897 pachtete das deutsche Kaiserreich das Gebiet um die Stadt Qingdao (Tsingtau), auch „die deutsche Stadt am Gelben Meer" genannt. Dieser Pachtvertrag sollte 99 Jahre dauern, endete aber schon nach 19 Jahren, als die Japaner die Stadt besetzten. Aus der kurzen deutschen Vergangenheit sind heute noch Fachwerkhäuser, Kirchen und, vor allem, das deutsche Bier übriggeblieben, das noch nach Originalrezepten gebraut wird und als das beste Chinas gilt.

Der Chang Jiang (Jangtsekiang) ist der wichtigste und längste Verkehrsweg Chinas, aber noch in vielen Abschnitten ein Strom der Ruhe.

Süß-saure Üppigkeit im Südosten

Spricht man von der Küche Shanghais, so ist damit kulinarisch nicht nur diese Stadt selbst gemeint, sondern auch das untere Delta des Chang Jiang und die sich daran nach Süden und Osten anschließenden Provinzen Jiangsu (Kiangsu) und Zhejiang (Chekiang). Das riesige Mündungsgebiet des drittgrößten Flusses der Erde, der sich hier mit einer Breite von zweiunddreißig Kilometern in das Ostchinesische Meer ergießt, beherrscht das Bild der Landschaft. Reis- und Gemüsefelder bestimmen das fruchtbare Flußdelta, einen Irrgarten aus Buchten, Sümpfen, Seen, Teichen und kleineren Nebenflüssen, in denen sich Süßwasserfische tummeln.

Im Grenzbereich von Meer und Festland leben die Tiere, die sich sowohl im Wasser als auch an Land wohlfühlen; daher ist diese Gegend besonders für ihre Krebsgerichte bekannt. Chinesische Feinschmecker schwören auf die grünen Wollhandkrabben aus der Gegend um Shanghai, die hier eine sagenhafte Größe von bis zu fünfzehn Zentimetern erreichen können. In der Hauptsaison werden täglich zwei Schnellzüge dieser Krustentiere nach Hongkong in die Restaurants geliefert, die dort dann lebend in die Kochtöpfe wandern und schon wenig später von den Feinschmeckern degustiert werden. Fluß- und Meerestiere bestimmen den Speiseplan der

Der Bund, die weltberühmte Uferstraße Shanghais, mit den Prachtbauten der europäischen Kolonialisten verleiht der Stadt ein sehr westliches Flair.

Shanghai-Küche. Garnelen in allen Größen, Seetang und andere Wasserpflanzen und viele Lebewesen, die zwischen Land und Wasser hin- und herpendeln oder am Rande des Wassers wohnen, werden hier bevorzugt.

In dieser sehr dicht besiedelten, im Vergleich zum übrigen China sehr reichen Gegend kocht man mit viel Öl, Essig, Zucker, süßer Bohnenpaste und Reiswein. Der beste Essig Chinas – und Lokalpatrioten würden natürlich sagen der beste der Welt – kommt aus der Stadt Zhenjiang, wo es qualitativ hervorragende Sorten gibt, die jahrzehntelang reifen. Hier erzählt man sich, daß in Kriegszeiten die Leute nur mit dem, was sie auf dem Leibe trugen, und einem Essigkrug auf dem Rücken vor dem Feinde flüchteten, weil ihnen mit der wertvollen Last zumindest einige Zeit ein Auskommen gesichert war.

Chinesische Gerichte, die mit viel Öl, Zucker und Essig gekocht werden, also süß-saure Kombinationen, kommen fast immer aus der Küche entlang der Ostküste. Zucker wird oft in der Form von Kandiszucker verwendet, in diesem Zustand soll er gesünder sein als in anderen Formen.

Die Köche in den östlichen Provinzen sind Könner, wenn es darum geht, ihre Gerichte fein abzuschmecken. Einfache Mahlzeiten aus Chinakohl, Pilzen, Krebsen oder Fischfilet erfahren feine geschmackliche Abstufungen, indem sie mit unterschiedlichen Mengen und Sorten von Sojasaucen, Öl, Essig, Reiswein oder Austernsauce zubereitet werden.

Schon seit Jahrhunderten ist das Delta des Chang Jiang Handelszentrum und ermöglicht den Zugang zu vielen in China sonst unbekannten Zutaten. Eigentlich hat fast jede

Stadt ihre Spezialitäten. Yangzhou ist berühmt für seine Löwenköpfe, für gebratenen Reis und gebratene Nudelgerichte. Ningbo hat hervorragende gesalzene Fische. Hangzhou, das Marco Polo schon als die schönste und feinste Stadt bezeichnet hat, ist für seine saftigen Karpfen, den Drachenbrunnentee (*Dragon Well Tea*) und seinen Reiswein berühmt. In der Stadt Wuxi sollen die besten Schälrippchen zu bekommen sein, und die berühmteste gepreßte Ente kommt aus Nanjing (Nangking).

Und da ist natürlich Shanghai selbst, eine sehr junge Stadt, die sich erst im 19. Jahrhundert zur Großstadt entwickelt hat. Aus diesem Grund kann ihre Küche eigentlich auch keine traditionellen Gerichte vorweisen, sondern sie verdankt ihre kulinarische Vielfalt den Ideen aus den umliegenden Provinzen, angereichert durch Einflüsse aus Europa.

Nach dem Opiumkrieg 1842 wurde Shanghai für den internationalen Handel geöffnet, von da an siedelten sich Briten, Amerikaner und Franzosen an. Aus Shanghai wurde Chinas größter Hafen und das internationale Bankenzentrum Asiens. Zwanzigstöckige Hochhäuser wurden in den Himmel gestemmt, sie ließen die niederen Behausungen der einheimischen Bevölkerung in ihrem Schatten verschwinden. Shanghai avancierte zum New York des Fernen Ostens, nach dem Ersten Weltkrieg sprach noch niemand von Tokio, Shanghai war der Mittelpunkt, und zwar bis 1949, als die ausländischen Konzessionen in chinesischen Besitz übergingen. Die Uferpromenade entlang des Huangpu, der als die schönste Straße der Welt gepriesene „Bund“ mit den einstigen Prachtbauten der Ausländer, in denen heute vornehmlich chinesische Beamte residieren, zeugt noch vom vergangenen Glanz.

Heute ist Shanghai die heimliche Hauptstadt Chinas, eine Arbeiterstadt, in der ein Drittel der industriellen Produktion Chinas entsteht.

Das eigentliche Leben der Shanghaier spielt sich hinter den Jugendstilhäusern und klassizistischen Säulenbauten der Prachtstraße ab. Flachbauten aus Backstein und Holz machen das Bild der Innenstadt aus, in der sich sechs Millionen zusammendrängen. Weitere sechs Millionen leben in den gesichtslosen Trabantenstädten.

Lange vor der Rush-hour sind die Shanghaier morgens aufgestanden, sie gelten als notorische Frühaufsteher. Gegen vier Uhr gehören die Straßen und Gehwege noch den Sportlern, die sich hier in dem Moloch aus Stein und Asphalt ihre kleinen Freiräume bewahren beim Schattenboxen oder Joggen. Zwei Stunden später beherrschen Händler die Straßen, denn sechs Millionen Innenstadtbewohner wollen versorgt sein. Sie mischen sich dann mit ihren Fahrrädern, Autos, Motorrädern, Karren und Tragestangen in das undurchdringliche Gewimmel. Die Händler, Bauern und sonstigen Zulieferer bringen täglich zehntausend Schweine, siebzigtausend Stück Geflügel, einhundertsechzigtausend Eier, dreihunderttaused Liter Milch und sechsundsiebzig Tonnen Fisch in die Stadt.

In diesem quirligen Chaos zwischen Menschenmengen, Fahrradgebimmel und Autohupen bleibt man gern für einen kleinen Imbiß an einer der unzähligen Garküchen an den Straßenecken stehen, wo es für wenig Geld Pfannkuchen, Krapfen, gefüllte Teigtaschen oder Klößchen gibt. Sie sind so beliebt wie bei uns Hamburger, aber ungleich schmackhafter als die bei uns üblichen nichtssagenden Magenfüller.

Gegenüber der drangvollen Enge der Shanghaier Innenstadt, die buchstäblich aus den Nähten platzt, mit ihren weltoffenen, selbstbewußten Bewohnern, kommt einem die Hauptstadt Beijing wie ein Provinznest vor.

Weiter im Süden des Chang Jiang Deltas, in der Provinz Fujian (Fukien), gibt es eine lekkere Regionalküche, die gelegentlich sogar als eigenständige Cuisine bezeichnet wird, sie besitzt aber die eindeutigen Charakteristika der Küche des chinesischen Ostens. Vor allem auf dem Gebiet der Suppen und Eintöpfe kann Fujian einiges Lob einheimsen. Sie sind hier so beliebt, daß ein Menü oft aus drei und

Warten auf den Fahrgast; die Muskelkraft des Menschen ersetzt in China nach wie vor Pferdestärken. Dabei sind Fahrräder das Transportmittel Nummer eins, mit dem so gut wie alles befördert wird.

Je weiter man nach Süden kommt, desto vielfältiger wird das Angebot auf den Gemüsemärkten.

mehr Suppengängen besteht. Man findet sie in jeder denkbaren Form, von einer klaren, würzigen Consommé bis zum opulenten Eintopf, der eine komplette Mahlzeit ersetzen kann.

Die Berühmtheiten unter ihnen, die Schwalbennestersuppe und die Haifischflossensuppe, werden in Fujians Töpfen langsam und mit Sorgfalt geköchelt, sie sollen hier am besten schmecken. Haifischflossen werden getrocknet auf den Märkten angeboten, sie müssen einige Stunden eingeweicht und gekocht werden, bis sie die von den Chinesen so geliebte glitschige Konsistenz erhalten. Ihre Zubereitung überläßt man am besten den Restaurantköchen, ebenso wie die der Schwalbennestersuppe. Viele Ausländer sind völlig überrascht, wenn sie erfahren, daß Schwalbennestersuppe tatsächlich das ist, nach dem sie benannt wird. Eine Schwalbenart, die auf der Insel Hainan und auf einigen Südseeinseln vorkommt, verwendet ihr weißes Speichelsekret zur Befestigung des Nestes. Man „erntet“ diese Nester, sobald sie zu festen kleinen Körbchen getrocknet sind. Für westliche Gaumen eine eigentlich fast geschmacklose Substanz, die meistens in einer Hühnerbrühe oder einem dünnen Fond aus Zuckersirup serviert wird. Die Provinz Fujian ist die beste Gegend, diese Exotika der Chinaküche zu kosten.

Gewürze und Reis im Südwesten

Den Bewohnern Sichuans sagt man nach, sie würden die schärfsten Chilis essen, und deshalb hätten sie auch die schärfsten Zungen. Die Provinz Sichuan gilt als das Herz Chinas, von wo aus das Land mit Reis und Gewürzen versorgt wird. Zwischen Gebirgsketten eingebettet und geschützt, erstreckt sich das Rote Becken, das Kernstück Sichuans, von Chengdu aus, der Provinzhauptstadt, nach Osten. Hier liegt das fruchtbarste und auch volkreichste Gebiet Chinas.

Die Ebene wird von vier Flüssen be- und entwässert: Der Chang Jiang führt Schmelzwasser von den schneebedeckten Bergen des Qinhai-Gebirges; der Min Jiang, der Yalong Jiang und der Tuo Jiang, die kleineren Nebenflüsse, versorgen die Ebene von Norden nach Süden mit Wasser, um dann schließlich nicht unwesentlich zu den riesigen Wassermassen des Chang Jiang beizutragen. Vom Roten Becken aus legt er noch eine Strecke von über zweitausend Kilometern zurück, bis er sich schließlich ins Ostchinesische Meer ergießt.

Berge und Ströme bestimmen die Landschaft des Vier-Strom-Landes und ermöglichen eine reiche landwirtschaftliche Nutzung. Schon um 300 v.Chr. wurde der Min Jiang durch ein Stauwehr gezähmt, sein natürlicher Lauf verändert und sein Wasser in die Ebene geleitet. Die Gegend um Chengdu, eine sehr dicht besiedelte Region, ist Mittelpunkt eines riesigen Reisanbaugebietes, dessen Klima bis zu drei Ernten im Jahr zuläßt. Ausgedehnte Naßreisfelder bestimmen kilometerweit das Bild der Landschaft.

Die Küche des Südwestens mit den Provinzen Sichuan, Hunan, Guizhou (Kweichou) und Yunnan wird von der Schärfe der Chilischoten bestimmt. Wenn auch die aus Indien kommenden Missionare vor zweitausend Jahren den Buddhismus und somit eine vegetarische Ernährung mit nach China brachten, die ihnen folgenden Händler indische Gewürze und Kräuter, so geht doch aus einer älteren Quelle hervor, daß hier schon vor dem indischen Einfluß eine gewisse Schärfe geschätzt wurde. Den „Elegien des Südens", einer Gedichtsammlung aus dem alten Staat Chu im Gebiet des heutigen Hunan, ist zu entnehmen, daß schon um 300 v. Chr. Sichuanpfeffer, Kassia (chinesischer Zimt), Wermutpflanzen und andere Gewürze zum Kochen verwendet wurden. Texte aus Gräbern der Han-Zeit (260 v. Chr.–220 n. Chr.) beschreiben die Nahrung als üppig, vielseitig, hochentwickelt und mit einer Vielzahl von Gewürzen angereichert.

Im 17. Jahrhundert wurde der Chilipfeffer durch die Portugiesen eingeführt, der seitdem das wesentliche Merkmal der Sichuan-Küche ist. Heute haben Chili und Knoblauch einige der Kräuter und Gewürze aus früheren Zeiten ersetzt, aber Sichuanpfeffer, Kassia, Sternanis, Fünf-Gewürz-Pulver und Koriandergrün bestimmen wie eh und je die kräftige regionale Küche.

Der Neuling sollte sich an die Sichuan-Küche erst langsam herantasten, viele Gerichte sind höllisch scharf, das trifft vor allem auf die noch wenig verfälschten Bauerngerichte zu. Auch die nicht gerade sehr sparsame Verwendung von Knoblauch ist etwas gewöhnungsbedürftig, sie erreicht hier solche Mengen, die selbst in Südfrankreich oder Italien undenkbar wären.

Das Rückgrat der Sichuan-Küche besteht aus Reis, Nudeln, Schweinefleisch, Kohl, weißem Rettich, Süßwasserfischen und Tofu.

In den umliegenden wilden Bergen mit den Bambuswäldern leben Pandas, das Symbol Sichuans, die genauso gerne wie die Zweibeiner Bambussprossen essen. Alle Arten von Pilzen, darunter die „chinesischen Morcheln" oder Wolkenohren, wildwachsende Kräuter und Wurzeln aus den Wäldern bereichern den Speiseplan. Mais wird seit einiger Zeit mit gutem Erfolg angebaut, die Bauern zaubern daraus leckere Fladen oder Nudeln, die mit eingelegtem Gemüse und scharf-pikanten Saucen eine komplette Mahlzeit ergeben. Eine Vielzahl von Nüssen, darunter Walnüsse, Gingkonüsse und Pinienkerne, wachsen in dieser Bergregion.

Die langen, harten Winter in den Bergen Sichuans haben das Einlegen von Gemüse notwendig gemacht. Ob in Salz, Essig, Öl, mit Chilis oder einer Kombination davon, trokkengepresst, scharf oder etwas milder, auf diesem Gebiet sind die Sichuanesen Könner.

Eigentlich dürfte man in den Bergen getrocknete Fleisch- bzw. Wurstprodukte erwarten, wie das in den Alpenländern Österreich und der Schweiz Tradition ist. In Sichuan sucht man danach allerdings vergebens. Fleisch wird relativ selten gegessen, und wenn, dann nur in kleinsten Mengen: Hier ernährt man sich aus religiösen Gründen vorwiegend vegetarisch.

Berge wie etwa der heilige Emei Shan, der höchste der vier heiligen Berge des Buddhismus, waren jahrhundertelang Zentren der Gläubigen, von den einst zweihundert Klöstern und Tempeln haben gerade noch zwanzig – Buddha sei dank – die Kulturrevolution überlebt. Die mit dem Buddhismus verbundene vegetarische Ernährung hat sich unter der Bevölkerung Sichuans weiter verbreitet als der buddhistische Glaube selbst.

Die sparsame Verwendung von Fleisch wird einerseits mit Fischen wettgemacht, die in dem Netz zahlreicher Seen, Teiche, Flüsse und Bewässerungskanäle gezüchtet werden, andererseits durch Tofu, ebenfalls eine Erfindung der Buddhisten.

Sternanis, Zimt, Ingwer, Sichuanpfeffer gibt es im Überfluß, hinzu kommen stark aromatisierende getrocknete Pflanzen wie Lilienblüten (Goldene Nadeln). Aber die Säulen der Kochkunst Sichuans bleiben die scharfen Chilischoten und der Knoblauch, sie machen manchmal so gut wie die Hälfte eines ganzen Gerichtes aus.

Scharfer, roter Chili öffnet im feuchtheißen Sommer die Poren und verhilft so zu einer wohltuenden Kühlung. Im kalten Winter wärmt er von innen. Chilis lassen das Blut

stärker zirkulieren, regen den Stoffwechsel an, beschleunigen die Verdauung. Vor allem wegen der schnellen Verderblichkeit von Eiweiß im feuchtheißen Klima sind die scharfen Schoten als Keimabtöter lebensnotwendig. Es scheint kaum einen Flecken Erde in Sichuan zu geben, der nicht für den Anbau von Chilis genützt würde.

Bei der Zubereitung typischer Sichuan-Gerichte werden getrocknete oder frische Chili-

Ein Netz von Naßreisfeldern durchzieht die Ebenen Sichuans. Die Teilungen des Flusses Min Jiang verwandelten das Gebiet in einen mosaikartigen Garten Eden.

schoten oft in Öl angebraten, wodurch die Schärfe des Capsaicins, der Stoff, dem sie ihre Schärfe verdanken, besonders gut herausgezogen wird. Selbst die überall in China beliebte Wonton-Suppe hat in Sichuan die rote Farbe der Chilis angenommen.

Geht man hier in ein Restaurant, stehen auf den Tischen Schälchen bereit, gefüllt mit Chilis, mit Chilipulver in Öl oder kleingeschnittenen Chilis vermischt mit einer fermentierten Paste aus Sojabohnen, damit sich jeder nach Belieben noch mehr einheizen kann.

Die echte traditionelle Sichuan-Küche gründet sich auf die Kost der Bauern, daneben finden sich allerdings auch mildere, weniger scharf gewürzte Gerichte als Kontrast. Die Kochtradition wurde auch von Westasien beeinflußt. Aus dieser Richtung kommen die Backwaren, die halwaähnlichen Nußpasten und die Vorliebe für Bohnenprodukte. Wenn Sichuan auch ziemlich isoliert zwischen Bergen eingebettet liegt, so wurde es dennoch im Laufe der Jahrhunderte stark von außen beeinflußt. Das geht auf enge Handelsbeziehungen zurück. Mehrere Pässe, die über die Berge im Norden führen, verbanden Sichuan mit der Seidenstraße. Auf diesem Wege hatte es Zugang zu den Reichtümern ganz Chinas.

Die südwestlich angrenzende Provinz Hunan ist für ihre Leckerbissen genauso berühmt wie Sichuan. Es gibt sogar Gourmets, die behaupten, sie sei die beste Küche Chinas. Das Herz der Hunan-Küche ist die Stadt Changsha, ein altes, reiches Handelszentrum, dessen lange Tradition auf den ehemals einflußreichen Staat Chu zurückgeht. Strategisch und wirtschaftlich geschickt im mittleren Tal des Chang Jiang gelegen, strahlt die kulturelle und kulinarische Bedeutung der Stadt in alle Richtungen aus. Im Gegensatz zu Sichuan wird hier nicht ganz so scharf gewürzt, werden weniger Bohnenprodukte und mehr Fisch gegessen.

Yunnan, die große Provinz im Südwesten und schon fast ein Außenposten des Riesenreiches, wurde kulinarisch stark von Sichuan beeinflußt, hat aber auch viele lokale Spezialitäten aus der Kochtradition der hier lebenden ethnischen Minderheiten bewahrt.

Hier wird weniger gewürzt, dafür mehr Fleisch gegessen. Der beste Schinken Chinas, von speziell dafür gezüchteten Schweinen, wird hier produziert. Der eingesalzene und luftgetrocknete Yunnan-Schinken präsentiert sich, noch mit Bein und Huf versehen, in den Fenstern von Metzgereien.

Seit zweitausend Jahren hat sich am Reisanbau nichts geändert. Sobald die Schößlinge groß genug sind, werden sie von Hand in die weiche Erde der Naßfelder verpflanzt. Nach vier Monaten kann der Reis geerntet werden. Danach legt man die noch unpolierten Körner zum Trocknen aus.

Vielfalt, Frische und unverfälschter Geschmack im Süden

Der Ruf der kantonesischen Küche ging um die ganze Welt, denn was in den Restaurants der Chinatowns von London, New York, San Francisco, Los Angeles, Hongkong oder Sydney serviert wird, hat seinen Ursprung entlang der chinesischen Südküste, im feuchtheißen Delta des Zhu Jiang (des Perlflusses) und in der Stadt Guangzhou (Kanton). Was wir im Westen unter Chinaküche kennengelernt haben, ist in den meisten Fällen das kulinarische Erbe der drei Millionen Auswanderer, die sich von der Hafenstadt Guangzhou aus auf die weite Reise begaben, um in der Welt ihr Glück zu suchen. Ihrer Geschäftstüchtigkeit und ihrem regen Unternehmergeist verdankt der Westen die Kenntnis der chinesischen Kochkunst.

Ein altes Sprichwort lädt den Uneingeweihten in die Kostbarkeiten des Landes ein: „In Hangzhou sollst du wohnen, in Suzhou heiraten, in Guangzhou essen und in Luzhou sterben." In diesen Städten gibt es die feinste Seide des Landes, die schönsten Frauen, das beste Essen und die vornehmsten Särge.

Der weltweite Siegeszug der kantonesischen Kochkunst gründet sich auf die unermeßliche Vielfalt an Meerestieren, Gemüsen und Früchten, die das subtropische Klima dieses sechzehnhundert Kilometer langen Küstenstriches zwischen den zwei größten Inseln Chinas, Taiwan und Hainan, zu bieten hat. Entlang der zerklüfteten Küste gedeiht alles, was Mutter Natur hervorbringt.

In den zahlreichen Buchten fangen die Fischer auf den Sampans bei Nacht saftige Garnelen, die sie im Schein heller Lampen aus dem Wasser holen; etwas weiter draußen im Südchinesischen Meer werfen Fischer auf ihren Dschunken Netze aus, in denen sie riesige Fischschwärme fangen. Entlang der steinigen Küste sammeln Frauen von den großen wasserumspülten Felsen Krebse, nach denen sie sich eigentlich nur zu bücken brauchen.

Der Speiseplan wird im wesentlichen von der Vielzahl der Wassertiere bestimmt, bei deren Zubereitung sich die wahre Größe der kantonesischen Köche enthüllt. Fangfrische wird vorausgesetzt, sie ist das oberste Gebot, deshalb sieht man auch noch vor dem kleinsten, bescheidensten Restaurant in Guangzhou die Wassertiere lebend in Bottichen, Aquarien oder Eimern schwimmen und krabbeln.

Die echten Feinschmeckergerichte Guangzhous sind gedämpfter oder gebratener Fisch, Schalentiere, Seegurken, Tintenfische, Fischrogen und vieles andere aus dem Wasser. Es soll Kantonesen geben, die dreißig Kilometer weit fahren, weil sie wissen, daß es dort die schmackhafteren Fische gibt, weil das Wasser dort eben sauberer ist.

Nirgendwo sonst kontrollieren Köche Garzeiten penibler als hier, beherrschen sie die Kunst, genau auf den Punkt zu garen und Schalentiere beim ersten leisesten Zischen vom Feuer zu nehmen, bevor sie zu lange kochen und hart werden.

Die Vorliebe für Wasserbewohner wird ideal ergänzt durch eine Vielzahl an erstklassigen Gemüsen, die die Bauern auf ihren kleinparzelligen Äckern in der Tiefebene des Zhu Jiang bis zu sechsmal, ja gelegentlich bis zu zehnmal im Jahr ernten können. Damit beliefern sie täglich die Märkte der Städte und Dörfer, denn die Köche und Köchinnen würden sich weigern, etwas zu kochen, das älter als ein Tag sein könnte.

„Die Kantonesen verspeisen alles, was Flügel hat, außer Flugzeugen, und alles, was vier Beine besitzt, außer Tischen" – mit dieser sicherlich nicht ganz ernst gemeinten Behauptung prahlen die kantonesischen Feinschmekker vor Neulingen.

Neben der Betonung der kulinarischen Vielfalt – es soll schon Restaurantköche gegeben haben, die sich bei ihren Gästen dafür entschuldigt haben, daß auf ihrer Speisekarte

Wenngleich von Technokraten oft als rückständig bezeichnet, ist gerade der unmotorisierte Fischfang ein Grund für den Fischreichtum der Flüsse, Seen und Küstengewässer im Süden. Ob Fischer nun mit ihren ganzen Familien auf den Dschunken ihren Lebensunterhalt verdienen oder auf einfachen Holzflößen Kormorane zum Fischen abrichten, sie ziehen zwar Nutzen aus dem Wasser, beuten es aber nicht aus.

mangels Platz nur fünfhundert Gerichte aufgelistet waren – legt man vor allem Wert auf die Erhaltung des Eigengeschmacks der Zutaten. Die Grundlage aller Gerichte sind frische Lebensmittel von hervorragender Qualität, dafür brauchen die Kantonesen nur wenig Gewürze. Ein Hauch von Ingwer, eine kleine Prise Salz und wenig an Lauchzwiebeln genügen, um den feinen Eigengeschmack frischer und unverfälschter Zutaten voll zur Entfaltung kommen zu lassen.

Tropische Früchte wie Litschis, Longane, Papayas, Guaven und allerlei Zitrusfrüchte sind im Überfluß vorhanden, dazu gesellen sich Kokosnüsse und Maniok. Geflügel bevorzugen die Kantonesen bei festlichen Essen und an religiösen Feiertagen, Schweinefleisch ist neben Fisch an der Tagesordnung. Ganze Spanferkel werden mit einer Glasur aus Honig und braunem Zucker überzogen und langsam gebraten, wobei die Glasur zu einer goldroten Farbe karamelisiert; man nennt sie daher auch „goldene Schweine". Die goldene Farbe hat religiöse Bedeutung, sie steht für Leben und Wärme. In früheren Zeiten wurden die so zubereiteten Spanferkel als Nahrungsopfer den Göttern und Ahnen dargebracht.

Die Vorliebe der Chinesen für viele kleine Gerichte erreicht in Kanton ihren Höhepunkt. Schon zum nahrhaften, üppigen Frühstück ißt man Reissuppe mit Erdnüssen, Fleisch, Fisch mit verschiedenen Saucen oder ähnlich Handfestes.

Die Karstberge bei Yangshuo in der Provinz Guangxi bilden die bizarre Kulisse dieser subtropischen grünen Üppigkeit. Ihre schroffe Anmut läßt fast vergessen, daß dieses Gebiet landwirtschaftlich intensivst genutzt wird. Das feuchtheiße Klima und der fruchtbare Boden machen mehrere Ernten im Jahr möglich.

Das Nonplusultra und eigentlich schon eine kulinarische und gesellschaftliche Institution ist das *iam cha*, auf Mandarin *ne cha*, was soviel wie „Teetrinken“ bedeutet. Doch mit dem Teetrinken allein ist es im Süden nicht getan, man geht oft in Teehäuser wie etwa in das berühmte Panxi in Guangzhou wegen der *dim-sum* (anglisiert aus der Guangzhouer Aussprache von *dianxin,* was soviel wie „Süßigkeit“ bedeutet). Unter *dim-sum* versteht man die zahlreichen süß oder salzig gefüllten Teigtäschchen, die es zwar in ganz China gibt, in Guangzhou sind sie aber von unerreichter Qualität und Vielfalt. Hier versteht man es, aus dreiundzwanzig verschiedenen zarten Hüllen aus Kohl, Weizen-, Kartoffel- oder Taromehl, aus Kürbissen oder Kokos klitzekleine Köstlichkeiten zu kreieren.

Zu den berühmten *dim-sum* im Panxi gehören die sogenannten „Häschen im Gras“, liebevoll dekorierte dünne Teighüllen mit einer Krabbenfüllung, denen als Augen Schinkenwürfel eingesetzt wurden und die auf kleinen Petersiliensträußchen sitzen.

In den Teehäusern geht es leger zu. Die vielen verschiedenen *dim-sum* werden auf Wagen durch die dicht besetzten Stuhlreihen geschoben. Wer eine neue Sorte probieren möchte, muß seinem Wunsch durch lautes Rufen Ausdruck verleihen, sonst wartet er vergebens auf einen noch unbekannten, vielleicht überraschend leckeren Gaumenkitzel.

Als die Portugiesen als erste Europäer im 16. Jahrhundert mit den Chinesen Handelsbeziehungen aufnahmen – die portugiesische Kolonie Macau ist heute noch ein Anachronismus aus dieser Zeit –, kamen viele chinesische Händler zu Wohlstand und Reichtum. Sie konnten sich den Luxus exotischer Leckerbissen leisten, ihre Köche entwickelten raffinierte Rezepte, deren Ruf bis zum dreitausend Kilometer weit entfernten Beijing vordrang. So nimmt es nicht wunder, daß die besten Köche aus Guangzhou an den Kaiserpalast berufen wurden.

Hier schließt sich der Kreis. Aber was sollte der Kaiser mit den besten kantonesischen Köchen am Hof anfangen, wenn dort die frischen und exotischen Zutaten nicht zu bekommen waren? Dann mußte er eben nach Guangzhou reisen, um die Kanton-Küche in all ihrer frischen Vielfalt genießen zu können.

Diese Illustration aus dem „Livre des Merveilles“ (15. Jahrhundert) zeigt die Tafel des Großen Khan. Der Mongole Kublai-Khan, Enkel von Dschingis-Khan, dehnte im 13. Jahrhundert seine Herrschaft auf ganz China aus. Den feinen chinesischen Eß- und Trinksitten paßte er sich gerne und bereitwillig an.

„Cha“ und „jiu“ – Getränke auf chinesisch

Das Nationalgetränk Chinas ist Tee; Tee paßt immer – ob zum Durstlöschen, als Getränk zum Essen, als anregendes Elixier danach oder flüssiges Zeichen der Gastfreundschaft. *Cha*, so heißt er in fast allen Regionen. Der mythische Kaiser Shen Nung soll in grauer Vorzeit auf einer seiner Reisen heißes Wasser zubereitet haben, um seinen Durst zu löschen. Der Wind riß ein paar Blätter vom Baum über ihm ab, die in den Topf mit dem kochenden Wasser fielen. Als Shen Nung davon kostete, schmeckte dieses Wasser ungewöhnlich gut und hatte eine sehr anregende und belebende Wirkung. Das Teetrinken war erfunden.

Einer der frühesten Teetheoretiker war der Gelehrte Lu Yu aus der Tang-Dynastie (618–907), der in dem Buch *Chajing* (Klassiker des Tees) auf die Qualität des Wassers besonderen Wert legte. Während der Tang-Zeit wurde das Teetrinken zu einer Kunst hochstilisiert, die in der folgenden Song-Dynastie (960–1279) ihren Höhepunkt erreichte. Die Beherrschung gewisser Rituale und Zeremonien wurde mit Bildung und hohem Status gleichgesetzt.

Zu dieser Zeit wurde Tee aus Teepulver bereitet. Man dämpfte zunächst die Teeblätter, wobei der Wasserdampf die Blätter zu einem Ballen verklebte, den man dann trocknen ließ. Das Teepulver entstand schließlich durch das Zerkleinern dieses „Teekuchens" im Mörser. Dieses Pulver wurde entweder mit kochendem Wasser überbrüht oder in kochendes Wasser gegeben.

Als die Mongolen die Herrschaft übernahmen (Yuan-Dynastie 1271–1368), endete diese raffinierte Methode der Teezubereitung. Für sie war Tee einfach zum Trinken da und hatte keine besondere soziale Funktion. Um ihn genießen zu können machten die Mongolen nicht viel Aufhebens: Sie überbrühten Teeblätter mit heißem Wasser und ließen sie darin ziehen. Diese prosaische Art der Zubereitung hat sich bis heute gehalten.

Die Chinesen bevorzugen den grünen, unfermentierten Tee, die berühmteste Sorte ist der Drachenbrunnentee *(Dragon Well Tea)* aus Hangzhou oder der Jasmintee. Daneben gibt es fermentierten Tee wie den kantonesischen *Pu-Er-Tee* oder den Eiserne-Göttin-Tee *(Iron Goddess Tea)*.

Alkoholische Getränke sind bei den Chinesen genauso beliebt wie der Tee. Da festliche Essen meistens auch eine beschwingte Angelegenheit sind, fließt *jiu* – das ist die allgemeine Bezeichnung für alkoholische Getränke – gelegentlich auch mal aus vollen Schläuchen. Doch wird man höchst selten einem volltrunkenen Chinesen begegnen, denn eine solche Entgleisung bedeutet „sein Gesicht zu verlieren", also eine nie wieder gutzumachende persönliche Schande. Wenn auch Konfuzius, der große Moralist, dem Alkohol nicht abgeneigt war, warnte er doch seine Landsleute vor zu viel Alkohol: „Was den Wein betrifft, so gibt es keine Grenzen, allerdings sollte man sich nicht betrinken."

Auch um den Ursprung des *jiu* ranken sich zahlreiche Legenden. Vor langer Zeit soll ein Koch Reis zum Einweichen in einem zugedeckten Gefäß in eine Ecke seiner Küche gestellt haben, um ihn in Bälde zubereiten zu können. Den Topf aber hatte er schnell vergessen. Nach ein paar Tagen stieg ihm ein unbekannter, stark duftender Geruch in die Nase, er öffnete den Deckel des Gefäßes, in dem sich der Reis befand, probierte davon und konnte nicht mehr aufhören. Durch sein Kichern und heiteres Lachen angelockt, gesellte sich das übrige Küchenpersonal zu ihm und kostete ebenfalls von der interessanten Mixtur aus dem Topf. Das war die erste Reisweinfete.

Weinkrüge, langstielige Becher und andere Trinkgefäße aus den Ausgrabungen bei Longshan in der Provinz Shandong beweisen, daß schon im 3. Jahrtausend v. Chr. Alkohol aus Reis, Sorghumhirse oder anderen Getreidearten destilliert wurde. Trauben kamen im 1. Jahrhundert n. Chr. aus Persien nach China. Die Weinherstellung aus Trauben wurde allerdings nie im großen Stil betrieben, sondern war immer vom Gutdünken des Kaisers abhängig. Trank er ihn gern, wurden die Bauern zum Anbau von Trauben angehalten, verwarf er ihn, ließ er die gepflanzten Rebstöcke wieder aus dem Boden reißen.

Erst im 19. Jahrhundert wurde besonders im Norden in den Provinzen Shandong und Hebei (Hopeh) der Rebenanbau durch den Einfluß von Europäern vorangetrieben. Auch das Bierbrauen geht auf die Zeit des Kolonialismus zurück, als die europäischen Großmächte versuchten, China unter sich aufzuteilen. Vielleicht ist das hervorragende Bier aus Qingdao das einzig Positive aus dieser schwarzen Zeit der chinesischen Geschichte.

Wesentlich traditioneller und beliebter als der Rebensaft ist der Reiswein, dessen Aroma mit dem trockenen Sherrys verglichen werden kann. Die bekannteste und beste Sorte ist der *Shaoxhing* aus der gleichnamigen Stadt. Er wird aus Klebreis hergestellt, in der Regel

Im Shanghaier Teehaus Hunxin Ting kann man die Hektik der Stadt bei einer Schale Jasmintee oder Oolong schnell vergessen.

warm getrunken und dient sowohl zum Durststillen als auch als Medizin und als Würzmittel beim Kochen. In der Heilmittelkunde findet er sogar Verwendung für Salben, Pillen und Puder.

In der Stadt Shaoxhing gibt es einen Brauch, nach dem sich die Familie bei der Geburt einer Tochter ein Weinlager anlegt, das bis zu ihrer Heirat nicht angetastet wird. Steht dann endlich das große Ereignis vor der Tür, hat man genügend gut gereiften Wein zur Verfügung, mit dem die zahlreichen Gäste bewirtet werden können.

Als das im Westen bekannteste Getränk Chinas gilt der *Maotai* Schnaps, seit 1972 weltweit bekannt, als Mao Zedong und Präsident Nixon ihr Treffen im Rahmen der Pingpong-Diplomatie mit einem guten Schluck dieses Klaren aus dem Osten begossen.

Die Chinesen trinken vor allem beim Essen. Ihre Tradition verbietet es, allein und auf leeren Magen zu trinken. Bei großen Festessen wird auch mal bei den alkoholischen Getränken kräftig zugelangt. Man sollte sich aber hüten, denn die chinesischen Gastgeber werden nicht müde, immer wieder nachzuschenken, auch wenn man nichts mehr möchte. Und das tun sie oft leise, unmerklich. Dann sollte man einfach sein Glas umdrehen, um unmißverständlich klarzumachen, daß man nichts mehr möchte.

Fremden serviert man gerne Hochprozentiges, vor allem *Maotai*, der ähnlich wie Aquavit schmeckt, oder *Fen Jiu*. Große Vorsicht ist angesagt beim achtzigprozentigen *Kaoliang* aus den nördlichen Gefilden Chinas.

Also: „Gan bei“, wörtlich „Trockne dein Glas“ oder frei übersetzt „Zum Wohl“.

Am chinesischen Neujahrstag tanzen Männer den wilden Shuashizi, den Löwentanz, der böse Geister und Dämonen vertreiben soll.

Im Krachen des Feuerwerks vergeht das Jahr

Das chinesische Neujahrsfest fällt in die Zeit zwischen dem 21. Januar und dem 19. Februar. Diese zeitliche Verschiebung geht auf den Mondkalender zurück, der, wenn er auch vom Sonnenkalender 1912 offiziell abgelöst wurde, immer noch die traditionellen Feste bestimmt. Sie entstanden in Anlehnung an den Arbeitsrhythmus der Bauern, wobei Aussaat, Aufzucht von Tieren, Erntezeit und winterliche Ruhezeit einen Großteil der traditionellen Feste bestimmten.

Genaugenommen stellt der chinesische Kalender eine Verbindung zwischen Mond- und Sonnenkalender dar. Eine Mondrotation, 28 Tage, sind ein Mondmonat. Das Normaljahr hat demnach 12 Monate mit 354 Tagen. Der Monat beginnt bei Neumond und hat seinen Mittelpunkt bei Vollmond. Alle zwei oder drei Jahre wird ein Schaltmonat dazwischengeschoben, um Unterschiede zu den 365 Tagen, die die Erde braucht, um die Sonne zu umkreisen, auszugleichen. Aus diesem Grund können die chinesischen Feste nach dem westlichen Kalender nicht genau festgelegt werden.

Das Neujahrsfest (Chunjie)

Es findet am 1. Tag des 1. Mondmonats statt. Schon in der Zeit der Song-Dynastien wurde das neue Jahr mit Getöse begrüßt, dazu steckte man Bambusrohre in Brand, die mit lautem Knall platzten. Heute gibt es eine Vielzahl an bunten, lauten Feuerwerkskörpern, mit denen jedes Jahr von neuem eine Sage symbolisch wiederbelebt wird.

Nach dieser Sage lebte einst ein gefährliches Monster tief in den Bergen, das immer wieder Menschen und Tiere bedrohte. Seine Schwäche war die Angst vor Licht und Lärm. Sobald es die brennenden und knallenden Bambusrohre wahrnahm, zog es sich verängstigt wieder für ein Jahr in seine dunkle Behausung zurück, und man hatte wenigstens für eine Zeitlang vor diesem Ungeheuer Ruhe.

Während Festmähler in den wohlhabenden Familien auf den Tisch kamen, erfreuen sich heute die weniger Betuchten an *jiaozi,* den mit Fleisch und Gemüse gefüllten Teigtäschchen. „Kein Jahreswechsel ohne *jiaozi*", sie waren und sind auch heute noch beliebt, weil sie als Glücksbringer gelten. Man versteckt in ihrer Füllung Süßigkeiten, Münzen, Erdnüsse, Datteln oder Kastanien. Erwischt man nun Süßigkeiten, soll das Leben im neuen Jahr süß werden, findet man eine Münze, wird man reich, sind Erdnüsse darin versteckt, hat man ein langes Leben vor sich, beißt man auf Datteln oder Kastanien, wird innerhalb der nächsten neun Monate ein Sohn zur Welt kommen.

Besonders in den Dörfern des Südens ziehen vom 4. bis zum 15. Tag des 1. Monats Löwentanzgruppen über das Land, die zu wilder Musik ausgelassene Tänze aufführen.

Das Laternenfest (Yuanxiaojie)

Am 15. Tag des 1. Mondmonats wird das Neujahrsfest beendet. In der ersten Vollmondnacht des neuen Jahres werden Laternen und Lampions aufgehängt, eine alte Tradition, die bis zur Han-Zeit (206 v. Chr.–220 n. Chr.) zurückgeht. In dieser Nacht wurden früher Opfer für den Himmelsherrn dargebracht und Laternen für den Religionsstifter Buddha angezündet. Das traditionelle Essen besteht aus *yuanxiao,* Kugeln mit einer Mehl- oder Reishülle und süßer Füllung. Sie symbolisieren das glückliche Zusammenleben der Familien.

Das Totenfest (Qingminjie)

Eines der beliebtesten Feste in China, das an wechselnden Tagen im 3. Mondmonat stattfindet; seit alters her zieht man an diesem Tag in die Natur und macht ausgedehnte Wanderungen. Man gedenkt der Toten, reinigt deren Gräber und schmückt sie von neuem. Die vielen traditionellen Bräuche an diesem Tag haben geradezu Volkssportcharakter; dazu gehören Hahnenkämpfe, Hunderennen und das Drachensteigenlassen.

Das Drachenbootfest (Duanwujie)

Am 5. Tag des 5. Mondmonats wird des Beamten und Dichters Qu Yuan gedacht, der um 300 v. Chr. lebte und in der Bevölkerung große Verehrung genoß. Aus Kummer über das korrupte Herrscherhaus stürzte er sich in die Fluten. Er wurde von der gesamten Bevölkerung gesucht, man konnte nach Tagen aber nur noch seine Leiche bergen. Um zu verhindern, daß er von Fischen gefressen wurde, warfen seine Anhänger in Bambusblätter eingewickelte Reisbällchen ins Wasser. Das ist der Beginn der heute noch lebendigen Tradition, Drachenbootrennen durchzuführen. Zu diesem Anlaß werden *zongzi* gegessen, in Bambusblätter eingewickelte Reisklöße.

Das Mondfest (Zhongqiujie)

Am 15. Tag des 8. Mondmonats findet das Mondfest oder auch Vereinigungsfest statt. Zu Ehren des Mondes wurden in früheren Zeiten Speiseopfer dargebracht und Zeremonien abgehalten. Heute verzehrt man die Speisen lieber selbst im Kreise der Familie. Der Mondkuchen, ein runder Kuchen aus Weizenmehl mit leckeren Füllungen, steht im Mittelpunkt dieses Festes. Seine runde Form symbolisiert den Zusammenhalt der Familie.

Der Nationalfeiertag (Guoqingjie)

Ein politischer Feiertag, an dem jährlich die Gründung der Volksrepublik China am 1.10.1949 gefeiert wird. Während der zwei landesweiten Feiertage vergnügen sich die Chinesen ausgiebig bei Volksfesten.

Der chinesische Wok, ein wahrer Tausendsassa unter den Kochtöpfen, ist in seiner ursprünglichen gewölbten Form für das Garen auf dem Feuer gemacht. Er eignet sich zum Kochen, Braten, Schmoren, Fritieren und Dämpfen.

Wok & Co. – Küchengeräte einfach und sinnvoll

Verglichen mit der kalten Pracht unserer hochtechnisierten Küchen mutet der Arbeitsplatz chinesischer Hausfrauen eher einfach, ja fast primitiv an. Ein Beweis dafür, daß für ein hervorragendes mehrgängiges Menü nicht unbedingt eine teure und komplizierte Ausstattung nötig ist. Die chinesischen Köche und Köchinnen kommen mit ein paar wenigen Hilfsmitteln aus.

Der Wok

Wok ist die kantonesische Bezeichnung für den chinesischen *guo*. Was Küchengeräte anbelangt, spielt er in der Kochkunst ganz Ostasiens sicherlich die Hauptrolle, denn er ist Kochtopf, Bratpfanne, Kasserolle, Fritiertopf und Dämpftopf zugleich.

Schon vor zweitausend Jahren wurde im Wok gegart, bis heute hat er seine ursprüngliche halbrunde Form bewahrt. Die Hitze wird darin in idealer Weise ganz gleichmäßig verteilt und weitergeleitet, wobei die abgerundeten Wände das schnelle Verdunsten von Flüssigkeit begünstigen. Die Bodenwölbung ist eigentlich nur für das Garen auf dem offenen Feuer konstruiert, für das Kochen auf der Gasflamme gibt es Metallstandringe, die dem Wok Halt geben. Inzwischen sind bei uns Woks mit einem abgeflachten, plangeschliffenen Boden erhältlich, die sich für unsere Herdplatten eignen. Damit läßt sich allerdings der erwünschte Effekt sehr starke Hitze in der direkt über oder sogar direkt im Feuer sich befindenden Wölbung nicht ganz so optimal herstellen wie in der Originalform des Woks. Der älteste historische Wok mit der heutigen Form aus Grabbeigaben der Han-Zeit (206 v. Chr.–220 n.Chr.) bestand aus Ton. Heute sind die Woks aus Gußeisen, Aluminium oder anderen Metallen. Gußeisen ist in jedem Fall vorzuziehen. Man sollte darauf achten, daß ein Deckel mitgeliefert wird, da man sonst nicht dämpfen kann.

Vor der ersten Benutzung muß der Wok gut ausgewaschen und gründlich gespült werden. Danach sollte man ihn „einbrennen“ oder „härten“. Dazu wird er eingeölt und bei sehr starker Hitze kurz auf die Kochplatte gestellt. Man spült ihn mit heißem Wasser aus und reibt ihn mit Küchenkrepp trocken. Dieser Vorgang wird so lange wiederholt, bis beim Trockenreiben auf dem Küchenkrepp keine dunklen Flecke mehr zu sehen sind.

Sie sollten Ihren Wok immer trockenreiben und bis zur nächsten Benutzung etwas einölen, damit er nicht rostet. Am besten verzichtet man auf Spülmittel und reinigt nur mit heißem Wasser.

Die Stäbchen

Zu einer Zeit, als unsere Vorfahren in Europa noch mit den Händen aßen, übten die Chinesen ihre Fingerfertigkeit schon mit Eßstäbchen. Schon im 12. Jahrhundert v. Chr. benützten Herrscher der Shang-Dynastie die „verlängerten Finger“, denn das sind die Stäbchen ja eigentlich. Damals waren sie aus wertvollen Materialien wie Jade, Achat, Elfenbein oder Silber. Heute sind sie in der Regel aus Bambus, Holz oder Plastik.

Kuaizi nennen die Chinesen ihr Stäbchenbesteck, was soviel wie „Beschleuniger“ bedeutet; das sind sie auch, zumindest in geübten Händen, denn die Chinesen essen schnell und scheuen sich nicht, die Reisschalen an den Mund zu halten und den Reis in den Mund zu „beschleunigen“.

Stäbchen gibt es in zwei Längen: die kürzeren, etwa 25 cm langen, um die Speisen aus den Schalen oder von den Platten zum Mund zu führen, und die 35 cm langen, aus Bambus für Arbeiten wie Eierverquirlen oder Rühren von Saucen. Das Essen mit Stäbchen ist eine Frage der Übung: Das untere bleibt fest zwischen Ringfingerkuppe und Daumen, das obere darüber wird zum Greifen der Speisen bewegt.

Chinesische Küchengeräte (v. l. n. r.)

An der Wand hängend: Holzgestell als Untersetzer für Woks oder andere Töpfe.

Chinesische Reibe aus Bambus, deren scharfe Zähne sich besonders gut zum Reiben von Ingwerknollen eignen.

Schöpfkelle und Bratwender, die sich der Wölbung des Woks besonders gut anpassen.

Korb für Obst oder Gemüse.

Sieb- oder Schaumlöffel in verschiedenen Größen. Am langen Bambusstiel befindet sich die Kelle aus Drahtgeflecht, mit der man Fritiergut in das heiße Fett hält.

Hintere Reihe: Dämpfeinsätze aus Bambus in verschiedenen Größen zum vitaminschonenden Dämpfen. Die Einsätze sind sowohl für den Wok als auch für jeden anderen Topf geeignet. Sie sind stapelbar, so daß in mehreren Etagen gedämpft werden kann.

Tontiegel zum Schmoren und Köcheln von Fleisch und Innereien.

Mongolischer Feuertopf (huo guo) aus Messing mit einem Schornstein in der Mitte, in den die glühende Holzkohle gefüllt wird.

Drahtkörbchen, mit denen die in feine Scheibchen geschnittenen Zutaten in den Feuertopf gehalten und kurz gegart werden.

Wok aus Metall mit traditioneller Bodenwölbung. Er steht auf einem Standring aus Aluminium, der ihm beim Garen auf der Gasflamme den nötigen Halt gibt. Im Wok befindet sich ein Metallgitter, auf dem fertig Gegartes warmgehalten werden kann. Das Gitter ist auch zum Dämpfen großer Stücke geeignet.

Vordere Reihe: Holzmodel zum Modellieren von Teig.

Massives chinesisches Hackbrett mit Küchenbeilen, mit denen die Chinesen so gut wie alles in Sekundenschnelle zerteilen.

Mörser aus Keramik mit Holzstößel, eine Leihgabe aus der japanischen Küche.

Eßstäbchen aus Holz.

Wok aus Gußeisen mit abgeflachtem Boden, er ist für elektrische Herdplatten geeignet.

Schöpfkelle und kleiner Besen zum schnellen Reinigen des Woks beim Kochen.

Teesiebe aus Bambus.

JOYCE CHEN

Chao – Zheng – Zha: auch Garen ist eine Kunst

Für unsere europäischen Ohren muten diese Begriffe zunächst wie lautmalende Worte aus einem Comic strip an, bei denen man sofort die Assoziation von schnellen, abrupt ausgeführten Handlungen hat, die möglicherweise weniger friedfertige Tätigkeiten beschreiben als das Kochen. Doch hier handelt es sich um einige der zahlreichen Garmethoden der Chinaküche. Schnell müssen sie allerdings vonstatten gehen, damit die kleingeschnittenen Zutaten auf den Punkt gegart werden. In einem chinesischen Standartkochbuch aus dem Jahre 1962, das Jungköche als Lehrbuch benützen, gibt es über dreißig verschiedene Garmethoden.

Ein und dieselben Zutaten können auf verschiedene Arten gegart werden und dann völlig anders schmecken. Die Vielzahl der Garmethoden verleiht der chinesischen Küche das Abwechslungsreiche, macht sie zu einer Quelle zahlreicher kulinarischer Überraschungen. Bei der Zubereitung eines Gerichtes können gelegentlich mehrere Garmethoden erforderlich sein, ein Umstand, über den sich europäisch geprägte Hobbyköche sicher wundern werden. Zutaten zuerst zu kochen, dann unter Rühren scharf anzubraten oder zu fritieren, erscheint uns zunächst als völlig abwegig und als Zeitverschwendung. Es hat aber seinen Sinn, den wir erst beim Probieren nachvollziehen und verstehen können.

Chinesisch Kochen ist einfach, wenn man ein paar wenige Grundsätze beherzigt. Alle Zutaten sollen in die gleiche Größe geschnitten werden, bevor sie in den Wok wandern. Die Zutaten werden entsprechend ihrer jeweiligen Garzeit hineingegeben, also etwa Karotten zuerst, da sie eine recht lange Garzeit haben, weiche Gemüse wie Spinatblätter oder Sojakeimlinge zum Schluß, damit auch diese schön knackig bleiben und ihre ursprüngliche Form behalten.

Während des Zubereitens kommen die weiteren Zutaten, Gewürze, Kräuter oder Dickmittel dazu, die das Gericht abrunden und für Ausgeglichenheit hinsichtlich Aroma, Konsistenz und Farbigkeit sorgen sollen. Dabei müssen alle Zutaten in der richtigen Form bereitstehen, bevor man mit dem eigentlichen Garvorgang beginnt. Die Vorbereitungen für ein chinesisches Mahl dauern in der Regel auch wesentlich länger als die eigentliche Kochphase.

Wenn es auch eine Vielzahl von Garmethoden gibt, sollen hier nur die grundlegendsten beschrieben werden, aus denen alle übrigen kombiniert werden können.

Unter Rühren anbraten (chao)

Das Anbraten unter Rühren oder auch Pfannenrühren genannt ist die typischste Garmethode der chinesischen Küche, wenn nicht des ganzen ostasiatischen Raumes überhaupt. Dabei kann der Grundsatz nach Erhaltung der Frische und Festigkeit der Zutaten am ehesten eingehalten werden. Ein Wok ist bei dieser Methode sicherlich sehr von Vorteil, weil seine runde, abgeflachte Form das gleichmäßige Rühren wesentlich erleichtert. Falls Sie keinen Wok besitzen, sollten Sie eine gute Bratpfanne mit hohem Rand verwenden. Der Wok oder die Pfanne wird zuerst erhitzt, dann wird das Öl hineingegeben, geschwenkt, so daß die Oberfläche überall mit Öl benetzt ist. Sobald das Öl heiß ist, werden kleingeschnittene Zutaten je nach Länge ihrer Garzeit nacheinander hineingegeben, dabei muß ständig mit dem Bratwender gerührt, gemischt und gewendet werden. Die Garzeiten beim Pfannenrühren betragen selten länger als zwei bis fünf Minuten, in den meisten Fällen eher weniger. Dabei wird klar, daß es unbedingt notwendig ist, die Zutaten am besten der Reihenfolge nach bereitzustellen, da der Kochvorgang, sobald er einmal in Gang gekommen ist, nicht mehr unterbrochen oder die Hitze vermindert werden sollte.

Vermeiden Sie, die Zutaten im Wok zu lassen, sobald sie die erwünschte Konsistenz haben. Bei Gemüsen sollte nur die äußere Schicht weichgegart sein, das Innere aber noch roh oder halbroh und knackig sein.

Ganz schnell fritieren (bao)

Eine Variante des Pfannenrührens ist das ganz schnelle Fritieren, wobei die Zutaten zunächst nur halb gegart werden. Hier ist es ganz besonders wichtig, daß das Fritieröl sehr heiß ist. Nachdem man das Gargut kurz abtropfen ließ, wird es zum Schluß in einer vorher zubereiteten Sauce im heißen Wok vollends gegart, bis die Sauce fast ganz aufgesogen ist. Die mit der *bao-Technik* zubereiteten Gerichte sind sehr aromatisch, besitzen durch das kurze Fritieren eine krosse Oberfläche, bleiben aber dennoch durch die aufgesogene Sauce schön saftig.

Fritieren oder in schwimmendem Öl ausbacken (zha)

Auch zum Fritieren ist ein Wok bestens geeignet. Aber mit einer Friteuse oder einem anderen Fritiertopf können Sie ebenso gute Ergebnisse erzielen.

Beim Fritieren sollen die Zutaten gleichmäßig gegart und zugleich knusprig werden. Das erreicht man durch zwei oder drei aufeinanderfolgende Fritiervorgänge. Ein nur einmaliger Durchgang würde zu lange dauern und das Fritiergut außen zu braun werden lassen oder sogar verbrennen. Um dies zu vermeiden, gart man in einem ersten Durchgang zu zwei Dritteln, nimmt das Fritiergut heraus, läßt überschüssiges Öl abtropfen, erhitzt das Fritieröl erneut und gart im zweiten Durchgang fertig. Wird ein Gericht in drei Phasen fritiert, erfolgt beim ersten Durchgang nur ein kurzes Eintauchen ins heiße Öl, um die Poren zu schließen. Bei der letzten Phase sollte das Öl sehr heiß sein, damit eine goldbraune knusprige Kruste entstehen kann. Oft werden die Zutaten vor dem Fritieren in Ausbackteig getaucht, um ihr Eigenaroma gewissermaßen einzuschließen und so beim Fritieren möglichst unverfälscht zu erhalten.

Dämpfen (zheng)

Die schonendste und gesündeste Garmethode ist das Dämpfen, sie eignet sich für Fisch, Fleisch, Geflügel und gefüllte Teigtaschen. Ein Bambusdämpfeinsatz wird dazu über kochendes Wasser in den Wok gestellt. Europäische Dämpfeinsätze oder Dämpftöpfe sind ebensogut geeignet. Oft wird das Gargut vor dem Dämpfen kurz in heißem Wasser blanchiert, damit die Poren geschlossen und Keime abgetötet werden. Vorher Gekochtes, Angebratenes oder Fritiertes kann ebenfalls gedämpft werden, auf diese Weise wird der Fettanteil von Speisen um ein wesentliches verringert.

Marinieren

Eigentlich ist das Marinieren eine bei uns oft angewandte Methode, um zähes Fleisch, vor allem Rindfleisch, zart zu machen und ihm eine säuerlich pikante Note zu verleihen. In der Chinaküche werden kleingeschnittene Zutaten wie Fleisch oder Fisch meistens in Sojasauce, Reiswein, feingehacktem Ingwer und Lauchzwiebeln oder Knoblauch mariniert. Die Menge der Marinade ist wesentlich kleiner, als wir es von unseren Marinaden kennen, nur bei wenigen Rezepten werden die Zutaten ganz darin eingetaucht. Durch die vergrößerte Oberfläche der kleingeschnittenen Zutaten benötigt man relativ wenig Zeit, bis die Aromen der Marinade eingezogen sind, oft genügt schon eine halbe Stunde. Daher ist das Marinieren in der Chinaküche eher eine Art Würzen.

Die geheimnisvollen Zutaten

Bei den Rezepten dieses Buches haben sich die Autoren auf die bei uns erhältlichen Zutaten beschränkt.

Austernsauce: Eine Sauce, die vor allem für Fleisch oder Gemüse als Würze verwendet wird.

Bambussprossen: Reste in den Dosen sollte man in ein verschließbares Porzellan-, Glas- oder Plastikgefäß umfüllen; wenn man sie immer wieder mit frischem Wasser bedeckt, halten sie sich im Kühlschrank mindestens eine Woche.

Chiliöl: Es wird am besten selbst hergestellt, indem man ganze oder in Stücke geschnittene Chilischoten in Pflanzenöl röstet. Man rechnet auf 1/2 Liter Öl 1 Handvoll getrocknete Chilischoten. Ein akzeptabler Ersatz wäre Tabasco.

Chilischoten: Die intensivste Schärfe sitzt in den weißlichen Zwischenwänden und in den Kernen. Deshalb sollten Sie beides entfernen. Danach die Hände waschen.

Chinesische Pilze: Vor der Verwendung müssen sie mindestens 1/2 Stunde in heißem Wasser eingeweicht werden und sollten dann sorgfältig gewaschen werden.

Fünf-Gewürz-Pulver: Eine Mischung aus Sternanis, Nelken, Zimt, Pfeffer und Fenchel.

Hoisinsauce: Sie eignet sich zum Würzen von Fleisch und Fisch oder als Dip und ist in Spezialgeschäften erhältlich.

Ingwer: Es wird fast ausschließlich frischer Ingwer verwendet, da gemahlenem Ingwer viel vom typischen Aroma fehlt. Ingwerwurzeln werden vor Gebrauch geschält, dann feingehackt, in dünne Scheiben oder Streifen geschnitten. Frische Ingwerwurzeln lassen sich im Kühlschrank, in Folie oder feuchtem Tuch verpackt, drei Wochen aufheben.

Koriandergrün: Koriandergrün können Sie selbst im Kräutergarten oder auf der Blumenbank ziehen.

Lauchzwiebeln: Man verwendet sie häufig in der chinesischen Küche, wobei meistens die kleinen, weißen Zwiebelchen feingehackt und mit angedünstet werden, die grünen Teile der Pflanze kleingeschnitten zu Ende der Garzeit über das Gericht gestreut werden.

Lilienknospen (Tigerlilien oder Goldene Nadeln): Die getrockneten Blüten der Tigerlilien müssen eingeweicht werden. Sie verleihen den Gerichten ein süßliches Aroma. Bei uns sind sie in Ostasiengeschäften erhältlich.

Nudeln: Es gibt eine kaum überschaubare Vielzahl chinesischer Nudeln aus verschiedenen Grundprodukten wie Weizenmehl, Reismehl, Sojamehl, Tapioka, Hartweizen oder Buchweizen.

Beachten Sie, daß chinesische Eiernudeln meistens vorgedämpft sind und deshalb nicht gekocht, sondern nur mit kochendheißem Wasser überbrüht werden müssen.

Reis: Wenn Reis als Beilage verwendet wird, nehmen die Chinesen leicht klebenden Langkornreis, der im gekochten Zustand zwar lokker ist, dessen Körner aber trotzdem bei geringem Druck aneinanderkleben, sonst könnte man den Reis ja schwerlich mit Stäbchen essen. Klebreis ist ideal für Füllungen oder Reisbrei – außerdem der Grundstoff für Reiswein. Er ist bei uns in Spezialgeschäften erhältlich.

Reiswein: Der bekannteste unter den vielen Reisweinarten ist *Shaoxing,* der auch bei uns erhältlich ist.

Schwarze Bohnenpaste: Bei uns ist sie in Chinaläden als „Scharfe schwarze Bohnenpaste" zu bekommen.

Sesamsamen: Meist werden sie vor Gebrauch ohne Fett in der Pfanne angeröstet, da sie so ihr Aroma besser entfalten.

Sesamöl: Das Würzöl wird aus gerösteten Sesamsamen hergestellt. Nicht verwechseln mit dem aus Sesamsaat kaltgepressten Öl aus Reformhäusern oder Naturkostläden.

Sichuanpfeffer: Eine Pfefferart aus Westchina. Die ganzen Samen zuerst in der Pfanne rösten, dann mahlen, nur so entfaltet sich das typische Aroma. Er kann durch schwarzen Pfeffer ersetzt werden.

Sojakeimlimge: In Dosen konserviert kommen sie bei uns auf den Markt, des öfteren kann man auch frische Sojakeimlinge in Folie verpackt bekommen. Sie können Sojakeimlinge auch zu Hause selbst herstellen. Dafür Soja- oder Mungobohnen einige Stunden in lauwarmem Wasser einweichen. In einem Keimapparat oder in einem Einmachglas an einem dunklen Platz mindestens drei Tage keimen lassen. Dabei zweimal täglich mit frischem Wasser durchspülen und abtropfen lassen, damit die Keime nicht schimmeln.

Sojasauce: Je nach Ursprungsland findet man Unterschiede in Konsistenz und Geschmacksrichtung. In China wird eine dünne, salzig schmeckende Sojasauce und eine dickere, gesüßte verwendet.

Sternanis: Sternförmige Samen des in Südchina beheimateten Sternanisbaumes, die ein wesentlich kräftigeres Aroma besitzen als der übliche Anis.

Süße rote Bohnenpaste: Eine süße Paste aus fermentierten Sojabohnen, die mit Zucker und verschiedenen anderen Gewürzen aromatisiert wird. Im Handel als *sweetened red bean paste* erhältlich.

Tofu: Tofu ist fast geschmacklos, er nimmt aber die Aromen von anderen Zutaten und Gewürzen leicht auf. Bei uns ist Tofu pur oder gewürzt in vakuumverpackten Blöcken von 250g, in Gläsern oder auch in getrockneter Form in Blättern erhältlich.

Wasserkastanien: Zwiebelähnliche Wurzelenden einer Wasserpflanze, die mit Kastanien eigentlich nichts gemein haben. Bei uns sind sie in Dosen erhältlich.

草菇老抽
MUSHROOM SOY
150ml
生抽王
SUPERIOR SOY
150ml
PANDA BRAND
LEE KUM KEE
OYSTER FLAVORED SAUCE
SAUCE D'HUITRE
李錦記
紹興酒
SHAOHSING

中國特級花
Peanut oil
优

Die Suppe zum Schluß oder zwischen den Gängen

Beim Zusammenstellen eines chinesischen Menüs sollte auch auf das grundlegende Prinzip von Ying und Yang geachtet werden. Harmonie und Ausgewogenheit bei der Menüabfolge bedeutet, mit Yang eine Mahlzeit zu beginnen, um den Magen einzustimmen; Yang wäre etwas Festes, aber leicht Verdauliches, das nicht zu stark gewürzt sein sollte, um die Geschmacksnerven nicht gleich zu Anfang zu überreizen. Mit Yin sollte ein Mahl ausklingen, Yin steht für etwas Flüssiges, Saftiges, also eine Suppe zum Schluß, ein Dessert mit einer Sauce oder etwas Fruchtiges.

Harmonie der Gegensätze bei der Menüabfolge bedeutet auch, Heiß und Kalt, Mild und Scharf, Süß und Sauer nicht abrupt aufeinander folgen zu lassen, sondern den Gaumen sanft und allmählich im Laufe des Mahles auf Schärferes, Heißeres vorzubereiten.

Die Geschmacksvielfalt und die ausgewogene Beschaffenheit der Zutaten sollte ebenso beachtet werden wie die farbliche Harmonie der verschiedenen Gerichte. Aus diesem Grund sollten bei Menüs Gerichte zusammengestellt werden, die nach unterschiedlichen Garmethoden zubereitet wurden. Kombinieren Sie daher Gekochtes, Gedämpftes, Fritiertes, Gebratenes und Geschmortes.

Ein Hauptgericht gibt es eigentlich nicht, weil zu einem chinesischen Essen außer Vorspeisen immer mehrere gleichberechtigte Speisen gehören. Man tischt sie entweder nacheinander – erst Fleisch, dann Fisch, Gemüse, Nudeln oder Suppe – oder gleichzeitig auf.

Auch die jeweilige Saison sollte den Speisezettel bestimmen, denn Transport und Konservierungsmethoden wie etwa das Tiefgefrieren sind in China noch lange nicht so weit fortgeschritten wie in unseren Breiten. Lassen Sie sich also bei der Zusammenstellung ihres chinesischen Menüs vom jeweiligen saisonalen Marktangebot inspirieren und natürlich von ihren eigenen Vorlieben, denn trotz aller Ying-und-Yang-Grundsätze läßt die chinesische Kochkunst viel Freiraum für Phantasie und Kreativität. Die folgenden Menüvorschläge sind deshalb nur als Anregung gedacht.

Menü mit Reis als Beilage

Ente in Marinade gekocht
Fritierte Spinatblätter
Hähnchenbrust mit Erdnüssen
Tofusuppe
Karameläpfel

Menü mit Mandarinpfannkuchen als Beilage

Garnelen mit Phönixschwänzen
Maiscremesuppe
Kurzgebratener Stangensellerie
Geschnetzeltes Schweinefleisch mit Wolkenohren
Honigbananen

Leichtes Menü

Gedämpfter Fisch
Acht-Köstlichkeiten-Tofu
Buntes Omelette
Kurzgebratene grüne Bohnen
Obstsalat mit Litschis

Vegetarisches Menü

Regenbogensalat
Tofusuppe
Blattspinat mit Sojakeimlingen
Fritierte Auberginen
Acht vegetarische Köstlichkeiten
Mangospalten mit Orangensirup

Festliches Menü

Frühlingsrollen
Tofusuppe
Gedämpfte Teigklößchen
Fisch süß-sauer
Rindfleisch mit Gemüsen
Nudeln mit Krabben und Schweinefleisch
Obstsalat mit Litschis

Im vornehmen Jing-Jiang-Hotel in Shanghai wird gerade serviert. Lassen Sie sich von den fernöstlichen Köstlichkeiten inspirieren, und fangen Sie mit dem Schneiden, Schnetzeln, Würfeln und Hacken der Zutaten an, am besten mit Hilfe der ganzen Familie, und genießen Sie „à la chinoise“!

Pikante Auberginen

油焖茄子

You Men Qiezi
Beijing

Vielleicht sollten oder möchten Sie aus gesundheitlichen Gründen ab und zu auf Fleisch verzichten, dann könnten diese fritierten und gedünsteten Auberginen zusammen mit einem weiteren Gemüsegericht und Reis eine echte Alternative werden.

2 mittelgroße Auberginen (zusammen ca. 1 kg), 2–3 Knoblauchzehen, 4 Lauchzwiebeln, 1 cm Ingwerknolle.
***Sauce:** 2 TL scharfe Bohnenpaste, 1/2 TL scharfer Senf, 1 EL Reiswein oder trockener Sherry, 2 EL Sojasauce, 1/8 Liter Hühnerbrühe.*
Erdnuß- oder Maisöl zum Fritieren, 1 TL Speisestärke, 1 TL Sesamöl

Auberginen schälen und in 2–3 cm große Würfel schneiden, mit Küchenkrepp trockentupfen. Knoblauchzehen, Lauchzwiebeln und geschälten Ingwer feinhacken.

Alle **Saucenzutaten** in einer Schüssel gut verrühren. Öl im Wok oder in einem Fritiertopf nicht zu stark erhitzen und Auberginenwürfel ungefähr 2 Minuten fritieren, bis sie gar sind. Eventuell portionsweise fritieren, da Würfel frei in Öl schwimmen sollten. Herausnehmen und abtropfen lassen.

Öl ausgießen bis auf einen kleinen Rest, nochmals erhitzen. Knoblauch und Ingwer glasig dünsten. Lauchzwiebeln, alle Saucenzutaten und Auberginenwürfel dazugeben und bei mittlerer Hitze 2 Minuten unter Rühren dünsten.

Mit in Wasser aufgelöster Speisestärke andikken. Sesamöl über Auberginen geben und auf vorgewärmter Platte mit Reis servieren.

Bambussprossen mit Pilzen

炒双冬

Chao Shuang Dong
Shanghai

Getrocknete Pilze nennt man in China „Winterpilze“ und in Dosen konservierte Bambussprossen „Wintersprossen“. Zusammen als Gemüsegericht kurzgebraten, wird aus diesem Gericht folgerichtig „Gebratener doppelter Winter“. Dies ist eine appetitanregende Sache, egal, ob es nun Winterzeit ist oder nicht.

12 große getrocknete Tongupilze (oder Strohpilze aus der Dose), 400 g Bambussprossen, Erdnuß- oder Maisöl zum Fritieren, 2 TL Zucker, 2 EL dicke Sojasauce, 150 ml Hühnerbrühe, 1 TL Maisstärke, 1 TL Sesamöl

Tongupilze in heißem Wasser 1/2 Stunde einweichen, ausdrücken, harte Stiele entfernen. Dosenpilze abtropfen lassen. Bambussprossen abtropfen lassen, in mundgerechte Stücke schneiden. Die Pilze und die Bambussprossen trockentupfen.

Öl im Wok oder in einem Fritiertopf erhitzen, Bambussprossen 1 1/2 Minuten fritieren, bis sie außen leicht braun werden. Herausnehmen und auf Küchenkrepp abtropfen lassen. Öl ausgießen bis auf etwa 3 EL. Öl erhitzen und Pilze darin 2 Minuten unter Rühren braten. Bambussprossen dazugeben und 1 Minute weiter unter Rühren braten. Zucker, Sojasauce und die Hühnerbrühe unterrühren. 2–3 Minuten köcheln lassen, um die Flüssigkeit zu reduzieren. Maisstärke in etwas Wasser glattrühren und Brühe damit andicken. Sesamöl darüberträufeln. Heiß mit Reis servieren.

Blattspinat mit Sojakeimlingen

菠菜炒豆芽

Bocai Chao Douya
Beijing

Beim folgenden Rezept kontrastieren Farbe und Konsistenz vom grünen, weichen Blattspinat besonders schön mit den weißgelben, knackigen Sojakeimlingen.

500 g frischer Spinat, Salz, 3 Knoblauchzehen, 3 Lauchzwiebeln, 3 EL Erdnuß- oder Maisöl, 1 EL Honig, 2 EL Sojasauce, Pfeffer, 1 EL Sesamsamen, 1 Dose Sojakeimlinge (Abtropfgewicht 220 g), 1 Chilischote, etwas Tomatenmark

Beide Gemüse getrennt zubereiten. Spinat putzen, waschen und abtropfen lassen. Salzwasser zum Kochen bringen, Spinat kurz blanchieren, herausnehmen und abtropfen lassen. Knoblauchzehen und Lauchzwiebeln feinhacken. 1 EL Erdnußöl im Wok oder in einer tiefen Pfanne erhitzen, die Hälfte des Knoblauchs und der Lauchzwiebeln darin glasig dünsten, Blattspinat dazugeben und alles unter Rühren 1 Minute dünsten. Honig, 1 EL Sojasauce, Salz und Pfeffer dazugeben und unter Rühren weiterdünsten. Zum Schluß Sesamsamen darüberstreuen. Warmstellen. Sojakeimlinge im Sieb unter fließendem Wasser waschen, abtropfen lassen. Von der Chilischote Samen entfernen, Schote feinhacken. 2 EL Öl im Wok oder in einer tiefen Pfanne erhitzen und zweite Hälfte des Knoblauchs und der Lauchzwiebeln darin andünsten. Sojakeimlinge, Chilischote, etwas Tomatenmark, Salz und Pfeffer dazugeben und unter Rühren 2 Minuten braten.

Auf vorgewärmter Platte Spinat anrichten, Sojakeimlinge in der Mitte aufhäufen. Als Beilage servieren.

生抽
SUPERIOR

Fritierter Blattspinat

炸菠菜魚

Zha Bocai Yu
Guangzhou

Der chinesische Name dieser Vorspeise bedeutet übersetzt „fritierter Spinatfisch“, lassen Sie sich davon nicht verwirren, denn der sogenannte „Fisch“ im knusprigen Teigmantel ist nichts anderes als Spinatblätter. Servieren Sie diesen Leckerbissen mal zusammen mit verschiedenen Dips als Partysnack oder zum Knabbern bei einer gemütlichen Weinrunde. Anstatt Spinat können Sie auch Blumenkohlröschen verwenden.

100 g frischer Spinat.
Ausbackteig: *80 g Weizenmehl, 1 Ei,*
1/4 TL Backpulver, Salz, Pfeffer, Wasser.
Erdnuß- oder Maisöl zum Fritieren

Spinat putzen, Wurzelansätze entfernen. Blätter gründlich waschen und gut abtropfen lassen, mit Küchenkrepp trockenupfen. Die Blätter sollten ganz trocken sein, damit der Teig gut anhaftet.

In einer Schüssel Mehl, Ei, Backpulver, Salz, Pfeffer und so viel Wasser verrühren, daß ein dünner Pfannkuchenteig entsteht. Öl in einem Wok oder Fritiertopf erhitzen. Spinatblätter unmittelbar vor dem Fritieren in den Ausbackteig tauchen, Teig etwas abtropfen lassen und Spinatblätter so lange fritieren, bis der Teig etwas Farbe angenommen hat. Am besten in Portionen fritieren, damit die Blätter genügend Platz haben. Mit dem Sieblöffel herausnehmen und abtropfen lassen.

Öl erneut erhitzen und bei einem zweiten Fritierdurchgang goldgelb und sehr knusprig fritieren.

Auf vorgewärmter Platte anrichten, mit frisch gemahlenem Pfeffer bestreuen und heiß servieren.

Chinakohl in Milch gedünstet

奶油白菜

Naiyou Baicai
Beijing

Unter den unzähligen Kohlarten, die in China vorkommen, ist eigentlich bei uns nur der weiße Chinakohl, gelegentlich auch Sellerie- oder Pekingkohl genannt, erhältlich. Er wird fast ausschließlich kurzgebraten oder gedünstet gegessen. Dieses Grundrezept können Sie mit Krabben oder in Streifen geschnittenem gekochtem Schinken schnell zu einem Hauptgericht erweitern. Als Beilage schmeckt er zu allen kurzgebratenen Fleischgerichten.

1 Chinakohl von mittlerer Größe (ca. 800 g), 4 Lauchzwiebeln, 1 Knoblauchzehe, 3 EL Erdnuß- oder Maisöl, 1/8 Liter Hühnerbrühe, Salz, Pfeffer, 1 EL Reiswein oder trokkener Sherry, 1 EL Maisstärke, 1/8 Liter Milch, 1 TL Sesamöl nach Belieben, frische Korianderblätter oder Petersilie

Chinakohl putzen, waschen und gut abtropfen lassen. Stengel und Blätter getrennt in mundgerechte Stücke reißen. Das Weiße der Lauchzwiebeln feinhacken, das Grüne in Röllchen schneiden. Knoblauch feinhacken. Öl in einem genügend großen Topf erhitzen, die weißen Lauchzwiebeln und den Knoblauch kurz darin glasig dünsten. Chinakohlstücke dazugeben, 1–2 Minuten unter Rühren braten, mit Hühnerbrühe ablöschen. Salzen und pfeffern, Reiswein untermischen und zugedeckt etwa 5 Minuten dünsten.

Maisstärke in Milch glattrühren und die Flüssigkeit damit andicken. Nach Belieben Sesamöl darüberträufeln, grüne Lauchzwiebeln untermischen und mit frisch gehacktem Koriander oder mit Petersilie bestreuen.
Heiß servieren.

Chinakohlrollen mit Tofu

豆腐白菜卷

Doufu Baicaijuan
Sichuan

Tofu ist ein echtes „Küchenchamäleon"; er hat so gut wie keinen Eigengeschmack und kann die verschiedensten Aromen annehmen.

2 große getrocknete Tongupilze, 250 g Tofu, 2 EL Sojasauce, 2 Eigelb, Salz, Pfeffer, 8 große Chinakohlblätter, 100 g gekochter Schinken, 2 Lauchzwiebeln, 1 Knoblauchzehe, Pflanzenöl zum Anbraten, 1 EL Reiswein oder trokkener Sherry, 200 ml Brühe, 1 Zitrone

Pilze in heißem Wasser einweichen, ausdrükken, harte Stiele entfernen, Hüte in Streifen schneiden. Tofu zerkrümeln, mit Sojasauce und Eigelb vermischen und mit Salz und Pfeffer würzen. Mindestens 1/2 Stunde durchziehen lassen. In der Zwischenzeit 8 große Chinakohlblätter in kochendem Salzwasser 3 Minuten garen, herausnehmen und abkühlen lassen. Schinken feinwürfeln. Lauchzwiebeln und Knoblauch feinhacken. Öl im Wok oder in einer Pfanne erhitzen, Lauchzwiebeln und Knoblauch darin glasig dünsten, Schinkenwürfel und Pilzstreifen dazugeben und kurz mit anbraten. Schinken, Knoblauch, Lauchzwiebeln, Pilze und Reiswein unter die Tofumasse mischen. Jeweils 2 Chinakohlblätter auf der Arbeitsfläche längs nebeneinander legen, daß sie sich etwas überlappen. In die Wölbung der Stiele Füllmasse geben und die zwei Blätter aufrollen, dabei an der Seite einschlagen. Mit Holzspießchen oder Faden sichern. Die restlichen Blätter ebenso füllen. In eine ofenfeste Form legen, Brühe zugießen. Mit Zitronenscheiben belegen, im Backofen bei 200°C 40 Minuten garen. Dazu schmeckt Reis.

Currygarnelen

清炒蝦仁

Qing Chao Xiaren
Beijing

Das ursprünglich aus Indien stammende Currypulver, eine Mischung aus mindestens zwölf feingemahlenen Gewürzen, wurde von buddhistischen Mönchen nach China gebracht.

500 g frische oder gefrorene Scampi oder Garnelen, 1 TL Salz, 1 EL Maisstärke, 1 EL Curry oder mehr, 1 Knoblauchzehe, 1 Eiweiß.
***Sauce:** 1 TL Maisstärke, 1/4 TL Zucker, 1 EL Reiswein, 5 EL Brühe (am besten Fischsud).*
Erdnuß- oder Maisöl zum Fritieren, 1/2 TL Sesamöl

Gefrorene Garnelen oder Scampi auftauen, abspülen und trockentupfen. Köpfe entfernen. Am Rücken mit einem spitzen Messer der Länge nach aufschlitzen, aber nicht durchtrennen. Dunklen Darm vorsichtig entfernen, abspülen und trockentupfen.
Salz, Maisstärke, Curry, zerdrückten Knoblauch und Eiweiß über die Garnelen geben und gut vermischen. Im Kühlschrank einige Stunden oder über Nacht durchziehen lassen. Für die **Sauce** alle Zutaten verrühren und bereitstellen. Öl im Wok oder in einem Fritiertopf erhitzen, nicht zu heiß werden lassen (ca. 130–150° C). Die Garnelen weniger als 1 Minute darin fritieren, vorsichtig dabei umrühren. Mit einem Sieblöffel herausnehmen. Das Öl bis auf einen Rest von 2–3 EL ausschütten. Das verbleibende Öl wieder erhitzen und die abgetropften Garnelen rasch unter kräftigem Rühren nicht ganz 1 Minute scharf anbraten. Sauce dazugeben und kurz aufkochen lassen. Mit Salz abschmecken und Sesamöl darüberträufeln. Herausnehmen und auf einer vorgewärmten Platte anrichten.

SESAME OIL FTY.
TEL: 2657008
2657201
CABLE ADD:

Eierblumensuppe mit Tomaten und Rindfleisch

牛肉蛋花湯

Niurou Danhua Tang
Sichuan

Wie Blüten treiben die in der kochendheißen Brühe gestockten Eistückchen, daher auch der poetische Name „Eierblumensuppe", bei uns auch prosaisch „Eiereinlaufsuppe" genannt. Zusammen mit den Tomaten und dem Rindfleisch gehört sie zu den leichten Suppen, die man als letzten Gang zum Nachspülen serviert. Sie können das Rindfleisch weglassen, wenn Sie meinen, schon im Hauptgang genügend Fleisch gegessen zu haben, da sie auch ohne sehr aromatisch schmeckt.

4 Tomaten, 1 Zwiebel, Erdnuß- oder Maisöl zum Anbraten, 1 1/4 Liter Brühe, 100 g Rinderfilet, 2 Eier, 2 EL Sojasauce, Salz, Pfeffer, feingehacktes Koriandergrün oder Schnittlauch

Tomaten in heißes Wasser tauchen und Haut abziehen. In kleine Stücke schneiden. Zwiebel schälen und feinhacken. Zwiebel und Tomatenstücke in heißem Öl andünsten und mit Brühe aufgießen. Zum Kochen bringen.

In der Zwischenzeit Rinderfilet in hauchdünne Scheibchen schneiden, in die kochende Brühe geben und 5 Minuten köcheln lassen.

Eier verquirlen und in die kochende Brühe laufen lassen, dabei mit Stäbchen oder einer Gabel kräftig rühren. Sobald die Eimasse stockt, mit Sojasauce, Salz und Pfeffer abschmecken und mit frischem Koriander oder Schnittlauch servieren.

Ente in Marinade gekocht

醬鴨

Jiang Ya
Sichuan

Entengerichte sind in der chinesischen Küche immer etwas Besonderes und rangieren in der Beliebtheitsskala ganz weit oben.

Für 6–8 Personen:
1 küchenfertige Ente, 2 TL Salz, 4 Lauchzwiebeln, 5 cm Ingwerknolle, 1/4 Liter Sojasauce, 1/4 Liter Reiswein oder trockener Sherry, 2 TL Salz, 4 EL brauner Zucker, 2 TL Pfefferkörner, 3 ganze Sternanis, 1 Zimtstange

Ente waschen und kurz in kochendes Wasser tauchen. Abtropfen lassen. Ente innen mit Salz einreiben. Lauchzwiebeln waschen und diagonal in 5 cm lange Stücke schneiden, Ingwer schälen und in sehr dünne Scheiben schneiden.

Die Ente zusammen mit den anderen Zutaten in einen großen Topf geben und mit Wasser auffüllen, bis die Ente ganz bedeckt ist. Zum Kochen bringen, Hitze reduzieren und bei geschlossenem Topf 1 Stunde köcheln lassen. Ente umdrehen und eine weitere Stunde köcheln lassen. Ente herausnehmen, abtropfen lassen und im Kühlschrank kaltstellen. Ente zerlegen, in ihrer ursprünglichen Form auf einer Platte anrichten und als Vorspeise servieren.

Dazu schmeckt als Dip Mango Chutney, Pflaumen- oder Aprikosensauce.

Entenfleisch mit Paprika

炒鴨片

Chao Yan Pian
Guangzhou

Die Chinesen wirtschaften sparsam und stellen aus einer Ente gleich drei Mahlzeiten her. Aus Beinen und Flügeln, aus dem Brustfleisch und eine Suppe aus den Resten. Grundsätzlich wird den Enten zuerst der Bürzel mit den Fettdrüsen entfernt, bevor sie verarbeitet werden. Für dieses Gericht eignet sich am besten Brustfleisch.

500 g Entenfleisch ohne Haut, 2 Eiweiß, Salz, 2 EL Maisstärke, 1 grüne und 1 rote Paprikaschote, 2 Lauchzwiebeln, Erdnuß- oder Maisöl zum Braten, 5 EL Hühnerbrühe, 1 Prise Zucker, 1 EL Reiswein oder trockener Sherry, Salz, Pfeffer, Sesamöl

Entenfleisch in 2 cm große Würfel schneiden. Eiweiß, Salz und 1 EL Maisstärke verrühren, über das Fleisch geben und gut vermischen. Paprikaschoten waschen, längs halbieren, Stiele, Samen und das Weiße entfernen. In dünne Streifen schneiden. Lauchzwiebeln in Röllchen schneiden.

Öl zum Braten im Wok oder in einer Pfanne erhitzen, die Entenwürfel ungefähr 3–4 Minuten braten. Herausnehmen.

Wieder etwas Öl erhitzen, die Paprikastreifen und die Lauchzwiebeln unter Rühren 2 Minuten braten. Hühnerbrühe, Zucker und Reiswein dazugeben und weiterrühren. Vorgebratenes Fleisch hineingeben, kurz unter Rühren miterhitzen und mit 1 EL in Wasser aufgelöster Maisstärke andicken. Mit Salz und Pfeffer abschmecken. Ein paar Spritzer Sesamöl darüberträufeln.

Herausnehmen und auf vorgewärmter Platte anrichten. Heiß mit Reis servieren.

Mongolischer Feuertopf

涮羊肉

Shuan Yangrou
Beijing

Der traditionelle Feuertopf ist aus Messing, mit einer Art Schornstein in der Mitte, in den die glühende Holzkohle gefüllt wird. Man sollte sie natürlich zuvor im Freien angezündet und zum Glühen gebracht haben. Das den Kamin umgebende Becken wird mit einer würzigen kochendheißen Brühe gefüllt, in die die kleinen Drahtkörbchen mit den selbst zusammengestellten Zutaten getaucht werden. Nach weniger als einer Minute sind sie gar und werden in Saucen gedippt. Zum Schluß, wenn alle Zutaten aufgebraucht sind und die heiße Brühe durch das Fleischgaren immer kräftiger geworden ist, werden Glas- und Eiernudeln in der Brühe als Suppe gegessen. Ein Fonduetopf mit Rechaud ist genauso gut zu verwenden. Sie können anstatt Lammfleisch auch andere Fleischarten, Fisch und Meeresfrüchte mit verschiedenen Gemüsen zusammenstellen. Achten Sie aber auf jeden Fall darauf, daß das Fleisch zum Kurzgaren geeignet ist.

Für 6 Personen:
1 Lammkeule ohne Knochen (pro Person etwa 200 g Fleisch), 180 g Glasnudeln, 180 g Eiernudeln, 1 kleiner Chinakohl, 1 Stange Lauch, 300 g Blumenkohlröschen, 300 g frische Champignons, Koriandergrün, 1 Bund Schnittlauch, 1 Bund Lauchzwiebeln, 1 1/2 Liter Brühe.
***Dip:** 9 EL Sesampaste, 2 EL rote Bohnenpaste, 2 EL Hoisinsauce, 2–3 EL Chiliöl, 3 EL Fisch- oder Austernsauce, 5 EL Reiswein oder trockener Sherry, 10 EL dünne Sojasauce, 3 EL Zucker, 4 EL Sesamöl, 1 EL Essig, scharfer Senf nach Belieben*

Damit Sie das Fleisch besser in dünne Scheibchen schneiden können, sollten Sie es vorher etwas anfrieren. Die Glasnudeln in kochendheißem Wasser 1/2 Stunde einweichen. Abtropfen lassen und in mundgerechte Länge schneiden. Die Eiernudeln bißfest kochen. In einer Schüssel bereitstellen. Das Fleisch so dünn wie möglich in Scheibchen schneiden und anrichten.

Gemüse in getrennten Schüsselchen anrichten. Dafür den Chinakohl in Streifen schneiden, Lauch in schmale Ringe, Blumenkohl in Röschen zerteilen. Koriander feinhacken, Schnittlauch und Lauchzwiebeln in Röllchen schneiden.

Dip: Die Sesampaste mit 1 Tasse Wasser verrühren. Die rote Bohnenpaste mit 4 EL Wasser gut vermischen, alle weiteren Zutaten darin verrühren.

Jeder Gast erhält eine kleine Schüssel für die Sauce zum Dippen, ein Suppenschüsselchen und ein Drahtkörbchen zum Garen. Heiße Brühe in den Topf gießen.

Jeder füllt etwas Sauce in sein Schälchen, gibt Koriander und Lauchzwiebeln dazu, nimmt sich 1–2 Fleischstreifen und hält sie mit dem Drahtkörbchen wenige Sekunden in die kochende Brühe. Das Fleisch wird dann in die Sauce gedippt. Gemüse und Nudeln schmecken am besten, wenn die Brühe durch das Fleischgaren kräftiger geworden ist, daher erst nachdem die Hälfte des Fleisches gegart worden ist, Gemüse und Nudeln garen.

Zum Schluß nimmt sich jeder etwas Brühe, gibt die restliche Sauce dazu und Nudeln und spült mit diesem würzigen Süppchen nach.

Kurzgebratenes Filetsteak

中式牛排

Zhongshi Niupai
Guangzhou

Ochsen und Wasserbüffel haben den Chinesen zwar seit eh und je treue Dienste als Zug- und Lastentiere geleistet, im Kochtopf findet man sie aber eher selten. Rinder benötigen zur Aufzucht viel Weideland, das man in China lieber für andere Zwecke nutzt. Bei Rindfleisch sollten Sie nie die kurzen Garzeiten überschreiten, da es sonst schnell hart wird.

500 g Rinderfilet oder Rumpsteak.
Marinade: *1 Knoblauchzehe, 2 EL Sojasauce, 2 EL Reiswein oder trockener Sherry, frisch gemahlener Pfeffer, 1 TL Pflanzenöl.*
1 Zwiebel, 3 EL Erdnuß- oder Maisöl zum Anbraten.
Sauce: *1 EL Worcestersauce, 2 EL Ketchup, 1/4 TL Tabasco, 1 EL dicke Sojasauce, 2 EL Brühe, 1 TL Zucker.*
1/2 TL Sesamöl

Fleisch quer zur Faser in 1/2 cm dünne Scheibchen schneiden und etwas klopfen. Knoblauchzehe zerdrücken oder feinhacken und mit den anderen Zutaten der **Marinade** verrühren. Über das Fleisch geben, untermischen und 3–4 Stunden durchziehen lassen. Zwiebel feinschneiden. Erdnuß- oder Maisöl im Wok oder in einer Pfanne erhitzen. Fleisch darin 2 Minuten unter ständigem Rühren scharf anbraten. Herausnehmen und warmstellen. Zwiebel im Bratfond kurz andünsten, **Saucenzutaten** und Fleischscheibchen dazugeben und unter Rühren kurz erhitzen. Sesamöl darüberträufeln. Sofort servieren. Dazu schmeckt Reis und pfannengerührtes Gemüse.

Fisch süß-sauer

糖醋魚

Tang Cu Yu
Beijing

Fangfrisch muß der Fisch in China sein, und zwar im wahrsten Sinne des Wortes. Daher findet man auch überall Wannen, Bottiche, Kübel und Eimer, in denen sich die Fische unmittelbar bis zu ihrer Zubereitung tummeln dürfen.

Angeblich sind die chinesischen Fische anonyme Alkoholiker, denn sie sollen Köder aus einer Mischung von Maismehl, Sesamöl und *Maotai,* dem berühmten Schnaps, bevorzugen. Wenn das kein Anglerlatein ist, kommen die chinesischen Fischer zwar mit vollen Körben, aber leeren Flaschen nach Hause.

4 getrocknete chinesische Pilze, 1 ganzer Fisch (Karpfen, Brasse oder ein anderer weißfleischiger Fisch von etwa 1 kg oder zwei kleinere), 2 EL Reiswein oder trockener Sherry, 1 TL Salz, 2 Eier, 3 EL Speisestärke, 1 Knoblauchzehe, 2 cm Ingwerknolle, 3 Lauchzwiebeln, 60 g Bambussprossen (Dose), 1 mittelgroße Karotte, 100 g grüne tiefgefrorene Erbsen.

***Sauce:** 1/2 Tasse Hühnerbrühe, 1/2 Tasse Wasser, 1/2 Tasse Essig, 4 EL Zucker, 4 EL Tomatenketchup, 1 EL dicke Sojasauce, 1 EL Reiswein oder trockener Sherry, 1 EL Maisstärke.*

Erdnuß- oder Maisöl zum Fritieren und Braten

Pilze in heißem Wasser 1/2 Stunde einweichen. In der Zwischenzeit Fisch säubern, entschuppen und gründlich waschen. Mit Küchenkrepp trockentupfen. Fisch mehrmals seitlich schräg einschneiden, dabei bis zur Mittelgräte schneiden, aber nicht durchtrennen. Fisch mit Reiswein und Salz gut einreiben, die Schlitze dabei nicht vergessen. Eier verquirlen und Fisch darin wenden, dann in der Speisestärke wenden, bis er gut damit überzogen ist. Die Knoblauchzehe und den Ingwer schälen, zerdrücken oder feinhacken. Lauchzwiebeln waschen und in 2–3 cm lange Stücke schneiden. Bambussprossen abtropfen lassen und in streichholzdünne Stifte schneiden. Karotte waschen und ebenfalls stifteln. Erbsen in drei Minuten garkochen. Die eingeweichten Pilze ausdrücken und in Streifen schneiden.

Alle Zutaten für die **Sauce** verrühren. Genügend Öl zum Fritieren im Wok oder in einem Fritiertopf bis zum Siedepunkt erhitzen und Fisch darin 7–8 Minuten fritieren, umdrehen und auf der anderen Seite ebensolange fritieren. Herausnehmen und abtropfen lassen. Warmstellen.

Wok oder Pfanne auswischen. 3 EL Öl im Wok oder in einer Pfanne erhitzen, zerdrückten Knoblauch und Ingwer glasig dünsten. Pilze, Lauchzwiebeln, Erbsen, Bambussprossen und Karotten dazugeben und etwa 2 Minuten bei starker Hitze unter schnellem Rühren braten. Beiseite stellen. In einem Topf die Saucenzutaten unter Rühren zum Kochen bringen, bis die Sauce andickt. Die pfannengerührten Gemüse unter die Sauce mischen. Über den Fisch geben und heiß mit Reis servieren.

VINAIGRE
SAUCE
生抽

Fischbällchensuppe

鱼丸汤

Yu Wan Tang
Beijing

Fisch und Fleisch in einem Gericht zu kombinieren, ist für uns sehr ungewöhnlich, in der chinesischen Küche aber recht üblich. Seien Sie mutig, probieren Sie's mal, es schmeckt sehr lecker.

150 g weißes Fischfilet, 100 g Schweinehack, 1 Eiweiß, 1 TL Salz, 2 1/2 EL Reiswein oder trockener Sherry, 50 g gekochter Schinken, 1 Lauchzwiebel, 100 g frischer Spinat, 1 1/4 Liter Brühe

Fischfilet durchdrehen oder im Mixer pürieren und mit dem Schweinehack, dem Eiweiß, dem Salz und 1 EL Reiswein mischen. Gekochten Schinken und die Lauchzwiebel feinhacken und in die Masse einarbeiten.

Mit den Händen aus der Masse Bällchen von etwa 2 cm Durchmesser formen.

Spinatblätter putzen, gründlich waschen und abtropfen lassen. Brühe zum Kochen bringen, Fischbällchen, abgetropfte Spinatblätter und 1 1/2 EL Reiswein hineingeben und zugedeckt ungefähr 10 Minuten leicht köcheln lassen. Mit Salz abschmecken und heiß servieren.

CHEN CHIEW
75 cl.

Fischfilet mit Pilzen

焗㒲魚片

Guo Ta Yupian
Beijing

Sollten Sie's mal besonders eilig haben, aber nicht bereit sein, Zugeständnisse an Geschmack und Qualität zu machen, dann ist diese Spezialität genau das Richtige für Sie.

500 g Fischfilet (Kabeljau, Scholle, Rotbarsch oder andere).
***Marinade:** 2 cm Ingwerknolle, 2 Lauchzwiebeln, 3 EL Sojasauce, 3 EL Reiswein oder trockener Sherry, 1 TL Sesamöl.*
200 g frische Champignons, 3 Eier, Maisstärke, Erdnuß- oder Maisöl zum Anbraten, 1/4 Liter Brühe, Salz

Fischfilet waschen, trockentupfen und diagonal in 2–3 cm breite Streifen schneiden.
Für die **Marinade** Ingwer schälen. Lauchzwiebeln und Ingwer feinhacken. In einer Schüssel mit den Zutaten für die Marinade verrühren, über den Fisch gießen, vermischen und 20–30 Minuten durchziehen lassen.
Champignons putzen, waschen und abtropfen lassen, große Pilze halbieren. Eier verquirlen. Maisstärke auf einen flachen Teller geben, Fischstreifen aus der Marinade nehmen, übrige Marinade aufbewahren. Fischstreifen in der Maisstärke wenden und unmittelbar vor dem Braten in Ei tauchen.
In einer Pfanne Öl erhitzen und Fischstreifen auf allen Seiten anbraten, bis sie goldgelb sind. Herausnehmen und restliches Öl ausgießen. Gewaschene Champignons im Bratfond kurz andünsten, Brühe und übrige Marinade zugießen. Hitze zurücknehmen und Pilze köcheln lassen, bis die Flüssigkeit bis zur Hälfte reduziert ist. Mit Salz und Pfeffer abschmekken. Fischstreifen mit den Pilzen zusammen kurz erhitzen und heiß servieren. Dazu schmeckt Gemüse.

Fischfilet mit Zuckererbsen

炒魚球

Chao Yuqiu
Guangzhou

Die zarten, süßen Zuckererbsen eignen sich besonders gut zum Pfannenrühren. Sie werden wegen ihrer knackigen Schoten und wegen ihres feinen, süßlichen Geschmacks besonders geschätzt. Anstatt mit Zuckererbsen können Sie dieses Fischrezept auch mit Brokkoli, Karotten oder Lauch zubereiten.

500 g Fischfilet vom Kabeljau oder Heilbutt, 1 Knoblauchzehe, 3 cm Ingwerknolle, 2 EL dünne Sojasauce, 1 1/2 EL Maisstärke, 300 g Zuckererbsen, Salz, 2 Lauchzwiebeln, Erdnuß- oder Maisöl zum Braten, 2 EL Reiswein, 1 TL Sesamöl

Fischfilet in mundgerechte Stücke schneiden. Knoblauchzehe und Ingwer schälen und feinhacken oder zerdrücken. Mit Sojasauce und 1/2 EL Maisstärke verrühren. Über die Fischstücke geben, gut vermischen und mindestens 10 Minuten gut durchziehen lassen. Zuckererbsen waschen. In einem Topf Salzwasser zum Kochen bringen, die Erbsenschoten darin blanchieren, in ein Sieb schütten und mit kaltem Wasser abschrecken. Lauchzwiebeln waschen, in kleine Stücke schneiden.
4–5 EL Erdnuß- oder Maisöl in einer Pfanne oder im Wok erhitzen und die Fischstücke darin unter Rühren etwa 1–2 Minuten scharf anbraten. Herausnehmen und warmstellen. 2 EL Öl im Wok oder in der Pfanne erhitzen, Zuckererbsen und Lauchzwiebeln darin unter Rühren 2–3 Minuten braten. Fischstücke dazugeben, mit Reiswein und Salz abschmecken. Mit 1 EL in Wasser glattgerührter Maisstärke andicken. Sesamöl darüberträufeln und heiß servieren.

Gedämpfter Fisch

清蒸魚

Qingzheng Yu
Guangzhou

Der Fisch wird im Ganzen zubereitet; verwenden Sie daher auf alle Fälle einen ganz frischen Fisch. Es eignen sich Forelle, Karpfen, Seebarbe, Brasse oder Barsch.

1 ganzer Fisch (etwa 600 g), 2–3 frische Pilze, 2 Scheiben gekochter Schinken, 3 Lauchzwiebeln, 3 Scheiben Ingwerknolle, 2 EL Sojasauce, 1 EL Reiswein oder trockener Sherry, 1/2 TL Salz, 1 EL Erdnuß- oder Maisöl

Fisch ausnehmen und entschuppen. Unter fließendem Wasser innen und außen waschen und mit Küchenkrepp trockentupfen.

Pilze waschen und in Scheiben schneiden. Schinken in Streifen schneiden. Lauchzwiebeln feinhacken. 1 Ingwerscheibe mit dem Messerrücken etwas flachklopfen, die beiden anderen feinhacken oder zerdrücken.

Fisch innen und außen mit Sojasauce und Reiswein einreiben. Die feingehackten Zwiebeln mit Salz vermischen. Zerdrückte Ingwerscheibe in den Fisch legen, Fisch auf einen hitzebeständigen Teller oder Dämpfeinsatz legen, mit feingehacktem Ingwer, Pilzen, Lauchzwiebeln und Schinkenstreifen bestreuen. Wok oder großen Topf etwa 5 cm mit Wasser füllen. Wasser zum Kochen bringen, Fisch auf dem Teller oder Dämpfeinsatz 15–20 Minuten über sprudelndem Wasser dämpfen, dabei Deckel nicht abnehmen. Sobald Fisch gar ist, auf vorgewärmter Platte anrichten, die Ingwerscheibe herausnehmen. 1 EL Erdnuß- oder Maisöl erhitzen, über den Fisch gießen. Nach Belieben mit Sojasauce beträufeln und zu Reis servieren.

Rotgeschmortes Fischfilet

紅燒魚

Hongshao Yu
Shanghai

Sie sollten darauf achten, die Filets von großen Fischen zu nehmen, da sie weniger Gräten haben. Das Rotkochen oder Rotschmoren ist eine Zubereitungsart, bei der Sojasauce, Ingwer und etwas Zucker verwendet werden.

30 g getrocknete Pilze, 1 Karotte, 2 Lauchzwiebeln, 3 cm Ingwerknolle, 2 Knoblauchzehen, 600–700 g Fischfilet vom Kabeljau, Barsch oder Schellfisch, 3 EL dicke Sojasauce, 1 EL Zucker, Salz, 4 EL Reiswein oder trokkener Sherry, Erdnuß- oder Maisöl zum Braten, 1 EL Maisstärke

Pilze in heißem Wasser 1/2 Stunde einweichen, abtropfen lassen, harte Stiele entfernen. Karotte waschen und in streichholzgroße Stifte schneiden. Lauchzwiebeln waschen und feinhacken, Ingwer schälen und feinhacken. Knoblauch in dünne Scheibchen schneiden. Fisch in Portionsstücke teilen.

Sojasauce, Zucker, Salz und Reiswein verrühren und bereitstellen. Öl im Wok oder in einer Pfanne erhitzen und Fischfilets auf beiden Seiten anbraten, bis sie hellbraun sind. Fisch herausnehmen.

Ingwer und Knoblauch im Bratfond glasig dünsten, Karottenstifte, Lauchzwiebeln und Pilze dazugeben und unter Rühren kurz anbraten. Hitze reduzieren, Fischstücke dazugeben, Sojasauce, Zucker, Salz und Reiswein über den Fisch geben. 1 Minute köcheln lassen. Fisch auf vorgewärmter Platte anrichten, Flüssigkeit mit in Wasser glattgerührter Maisstärke andicken und über den Fisch geben. Reis dazu reichen.

Frühlingsrollen

春卷

Chunjuan
Guangzhou

Diese chinesische Spezialität ist sicher eine der bekanntesten, ihre Füllungen sind ebenso variabel wie die der Teigtaschen. Eines ist jedoch unverzichtbarer Bestandteil dieser Lekkerbissen: Sie werden immer im schwimmenden Fett ausgebacken. An Garküchen auf der Straße kann man sie überall für wenig Geld bekommen. Die Füllung besteht je nach Region und Jahreszeit aus Fleisch, Fisch und verschiedenen Gemüsen. Da die Herstellung der Teighüllen sicher etwas mühevoll ist, produzieren Sie einfach die drei- bis vierfache Menge und frieren sie ein. Bei Bedarf werden sie in noch gefrorenem Zustand 5–10 Minuten fritiert. In Ostasiengeschäften sind die Teighüllen auch getrocknet erhältlich. Pflaumensauce zum Dippen schmeckt vorzüglich dazu.

Für 8 Teighüllen:
120 g Mehl, 60 g Speisestärke, Salz, 2 Eier, 1/4 Liter Wasser, Erdnuß- oder Maisöl zum Backen

Mehl, Speisestärke, Salz, Eier und Wasser zu einem dünnen Pfannkuchenteig verrühren. 1/2 Stunde ruhen lassen. In einer Pfanne mit etwa 16 cm Durchmesser für jeweils einen Pfannkuchen 1 TL Öl erhitzen und so viel Teig hineingießen, daß der Boden bedeckt ist. Pfannkuchen auf einer Seite backen, wenn die Oberfläche trocken erscheint, Pfannkuchen herausnehmen und warmstellen. Weiter so verfahren, bis der Teig aufgebraucht ist.

Für die Füllung:
5 getrocknete Tongupilze, 250 g mageres Schweinefleisch, 100 g Chinakohl oder Wirsing, 100 g Bambussprossen (Dose), 1 mittelgroße Karotte, 4 Lauchzwiebeln, 100 g Sojakeimlinge, 1 Knoblauchzehe, 2 EL Erdnuß- oder Maisöl, 3 El Sojasauce, Salz, Pfeffer, 1 EL Maisstärke, Eigelb zum Bestreichen, Öl zum Fritieren

Pilze 1/2 Stunde in heißem Wasser einweichen, ausdrücken, harte Stiele entfernen, Hüte in feine Streifen schneiden. Schweinefleisch feinhacken oder durchdrehen. Chinakohl waschen und in Streifen schneiden. Bambussprossen abtropfen lassen und in dünne Streifen schneiden. Karotte waschen und feinstifteln. Lauchzwiebeln waschen und in 2–3 cm lange Röllchen schneiden. Sojakeimlinge im Sieb unter fließendem Wasser abspülen, abtropfen lassen. Knoblauch zerdrücken. Im Wok oder in einer tiefen Pfanne 2 EL Öl erhitzen und Knoblauch glasig dünsten. Fleisch unter Rühren etwa 2 Minuten scharf anbraten, bis es hell ist. Pilze, Bambussprossen, Chinakohl, Karotte, Lauchzwiebeln und Sojakeimlige dazugeben und weitere 2 Minuten unter Rühren braten. Mit Sojasauce, Salz und Pfeffer würzen. Zum Schluß mit in Wasser aufgelöster Maisstärke andicken. Füllmasse in eine Schüssel geben.

Jeweils etwa 2 gehäufte EL Füllmasse auf die untere Hälfte einer Teighülle geben. Seitliche Teigränder einschlagen und dann alles aufrollen. Ränder mit Eigelb bestreichen und festdrücken.

Öl in einem Wok oder Fritiertopf erhitzen, Rollen darin etwa 4–5 Minuten fritieren, bis sie goldgelb sind. Heiß servieren.

Garnelen mit Phönixschwänzen

炸鳳尾蝦

Zha Fengwei Xia
Guangzhou

Die Garnelen mit ihren rötlichen Schwänzen erinnern an den mythologischen Vogel Phönix.

500 g frische oder gefrorene Garnelen in der Schale, 1/2 TL Salz, weißer Pfeffer, 1 grüne Paprikaschote.
***Ausbackteig:** 150 g Mehl, 4 EL Maisstärke, 1 TL Backpulver, etwa 1/4 Liter Wasser, 1/2 TL Salz, 2 EL Erdnuß- oder Maisöl. Erdnuß- oder Maisöl zum Fritieren*

Gefrorene Garnelen zuerst auftauen. Aus der Schale lösen, Schwänze dranlassen. Därme entfernen, falls nötig. Unter fließendem Wasser abwaschen und trockentupfen. Die Rückseite der Garnelen mehrmals quer einschneiden, aber nicht ganz durchtrennen. Dadurch wird verhindert, daß sie sich beim Fritieren einrollen. Mit Salz und Pfeffer einreiben. Paprikaschote waschen, aufschneiden, Samen und das Weiße entfernen und Schote in Streifen schneiden.

Für den **Ausbackteig** Mehl, Maisstärke und Backpulver in eine Schüssel sieben. Nach und nach Wasser zugeben und gut verrühren. 1/2 Stunde ruhen lassen, danach Salz und Öl gut unterrühren. Erdnuß- und Maisöl im Wok oder Fritiertopf erhitzen. Garnelen am Schwanz anfassen, in Ausbackteig tauchen, abtropfen lassen und ungefähr 3 Minuten fritieren, bis sie goldgelb sind. Falls nötig, portionsweise fritieren. Paprikastreifen ebenfalls in Ausbackteig tauchen und zusammen mit Garnelen fritieren. Paprika in der Mitte einer vorgewärmten Platte anrichten und Garnelen kreisförmig herumlegen. Dazu paßt eine Würzmischung aus Salz und Pfeffer.

Gemüsepfanne

植物四寶

Zhiwu Si Bao
Shanghai

Die buddhistische Lehre propagiert eine rein vegetarische Ernährung, sie legt größten Wert auf das harmonische Zusammenspiel der verschiedenen Geschmacksrichtungen und auf die ausgewogene Kombination weicher und fester Zutaten.

30 g Tongupilze, 100 g frische Champignons, 100 g Bambussprossen (Dose), 200 g frische oder gefrorene Erbsen, Erdnuß- oder Maisöl zum Fritieren, 1/8 Liter Gemüsebrühe, 2 TL Zucker, 1 TL Salz, 1/2 TL Speisestärke, 1 TL Sesamöl

Die getrockneten Pilze 1/2 Stunde in heißem Wasser einweichen, harte Stiele abschneiden, Hüte in Streifen schneiden. Frische Pilze waschen, in Scheiben schneiden. Bambussprossen abtropfen lassen und in Stifte schneiden. Gefrorene Erbsen 3 Minuten in Salzwasser garkochen. Frische Erbsen ausschoten und 10 Minuten kochen. Alle Gemüse trockentupfen. Öl im Wok oder Fritiertopf erhitzen, Pilze und Bambussprossen 1 Minute fritieren, mit dem Sieblöffel herausnehmen und gut abtropfen lassen. Das Öl bis auf einen kleinen Rest ausgießen und restliches Öl erhitzen. Bambussprossen, Pilze und Erbsen hineingeben und unter Rühren braten. Brühe, Zucker und Salz dazugeben und 1 Minute bei schwacher Hitze köcheln lassen. Mit in Wasser aufgelöster Speisestärke andicken. Sesamöl darüberträufeln. Auf einer vorgewärmten Platte anrichten und servieren.

Schmeckt zu Reis oder Nudeln, für Nichtvegetarier als Beilage zu jeder Art Fleisch.

Kurzgebratene grüne Bohnen

生煸四季豆

Sheng Bian Sijidou
Sichuan

Wir verwöhnten Europäer sollten wissen, daß Gemüse zusammen mit Reis noch immer das Hauptnahrungsmittel für die Mehrheit der Chinesen ist, denn auch heute ist Fleisch oder Fisch für viele Luxus, den sie sich nur zu Festtagen leisten können. Gemüse dagegen ist reichlich und zu erschwinglichen Preisen erhältlich, viele bauen es auch selbst an. Um aus dem vom Platz her beschränkten Ackerland so viel wie möglich herauszuholen, bevorzugen die Chinesen schnell wachsendes Gemüse, das wenig Bodenfläche benötigt. Stangenbohnen sind hierfür ein Paradebeispiel.

250 g frische grüne Bohnen, Salz, 2 Knoblauchzehen, 2 Lauchzwiebeln, Erdnuß- oder Maisöl zum Braten, 2 EL Hühnerbrühe, 1 EL Essig, 1 TL Sesamöl

Bohnen waschen, Enden abschneiden, Fäden abziehen. In 3–4 cm lange diagonale Stücke schneiden. In Salzwasser garkochen. Knoblauch und Lauchzwiebeln feinhacken. Im Wok oder in einer Pfanne Öl erhitzen. Knoblauch glasig dünsten, dann die Bohnen darin unter Rühren kurz anbraten. Hühnerbrühe, Lauchzwiebeln, Salz und Essig dazugeben und unter Rühren 1 Minute dünsten. Sesamöl darübergeben und als Beilage heiß servieren.

Hähnchenbrust mit Erdnüssen

宮保雞丁

Gongbao Jiding
Sichuan

Dieses berühmte Gericht wurde von einem Provinzleiter aus Sichuan kreiert.

500 g Hähnchen- oder Hühnerbrust.
***Marinade:** 1/2 TL Salz, 1 EL dünne Sojasauce, 1 EL Reiswein oder trockener Sherry, 2 TL Maisstärke, 1 Eiweiß.*
3 getrocknete Chilischoten, 3 Knoblauchzehen, 5 Lauchzwiebeln, 5 cm Ingwerknolle, 90 g Erdnüsse, Erdnuß- oder Maisöl zum Braten.
***Sauce:** 1 EL Zucker, 2 TL Maisstärke, 2 EL dicke Sojasauce, 1–2 EL Chilisauce, 1 EL Essig, 8 EL Brühe, 1 EL Reiswein*

Fleisch in 2 cm große Würfel schneiden. Für die **Marinade** alle Zutaten verrühren, unter die Würfel mischen und mindestens 1/2 Stunde durchziehen lassen.

Samen von den Chilischoten entfernen und Schoten zerreiben. Knoblauch in diagonale Scheibchen schneiden, Lauchzwiebeln in kleine Röllchen, Ingwer feinhacken. Erdnüsse in einer Pfanne ohne Öl rösten, bis sie Farbe angenommen haben.

Für die **Sauce** alle Zutaten verrühren und bereitstellen. Öl im Wok oder in einer tiefen Pfanne erhitzen, Chilis, Knoblauch und Ingwer unter Rühren glasig dünsten. Hähnchenwürfel dazugeben, 1 Minute unter ständigem Rühren weiterbraten. Lauchzwiebeln dazugeben und 1 Minute unter Rühren braten, bis die Würfel fast gar sind.

Sauce dazugeben, weiter unter Rühren dünsten, bis die Sauce andickt. Zum Schluß Erdnüsse untermischen. Auf einer vorgewärmten Platte anrichten und mit Reis servieren.

SHAO HSING
HUA TIAO CHIEW

Überraschungs-hähnchen

紙包雞

Zhi Bao Ji
Guangzhou

In China verwendet man für diese „Fleischbriefchen" eßbares Reispapier. Sie können das Fleisch genausogut in Backfolie einwickeln und dann im schwimmenden Fett ausbacken. Ein ähnlich köstliches Ergebnis erhalten Sie, wenn Sie die Fleisch-Gemüse-Mischung in Alufolie im Backofen garen.

500 g Hähnchenfleisch ohne Haut.
***Marinade:** 3 EL dünne Sojasauce, 1 1/2 EL Reiswein oder trockener Sherry, 1/2 TL Salz, 1/4 TL Fünf-Gewürz-Pulver oder gemahlener Pfeffer, 1 TL Zucker, 1 TL Ingwerpulver, 1 TL Sesamöl.*
5–6 getrocknete chinesische Pilze, 100 g Bambussprossen, 5 Wasserkastanien, Koriandergrün, Reispapier oder Backfolie, Öl zum Fritieren

Fleisch abwaschen und trockentupfen. In Würfel schneiden. Zutaten für Marinade verrühren, über Fleischwürfel gießen und 1 Stunde durchziehen lassen. Pilze in heißem Wasser 1/2 Stunde einweichen, ausdrücken und in Streifen schneiden. Bambussprossen abtropfen lassen, in Streifen schneiden. Wasserkastanien in Scheibchen schneiden. Koriander feinhacken. Pilze, Bambussprossen, Wasserkastanien und Koriander mit dem Fleisch vermischen und durchziehen lassen. Reispapier oder Backfolie in zwölf 16-cm-Quadrate schneiden, innen mit Öl bepinseln. Fleisch-Gemüse-Masse auf Quadraten verteilen, zu Briefchen falten. Öl im Fritiertopf erhitzen, Päckchen vorsichtig etwa 6–8 Minuten fritieren, einmal wenden. Herausnehmen und abtropfen lassen, im Papier servieren.

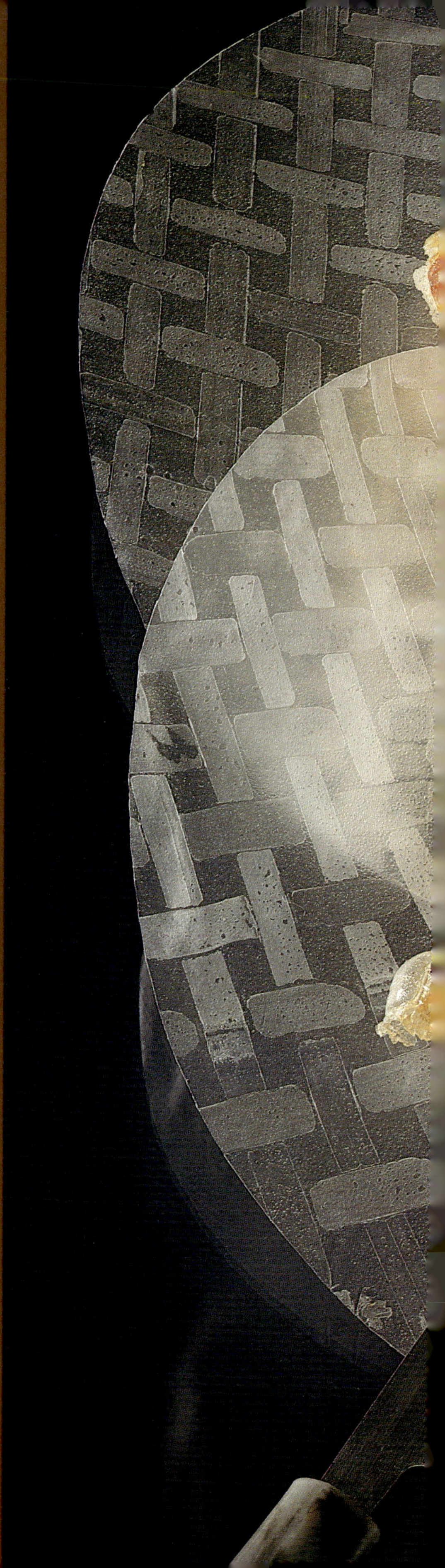

Honigbananen

蜜汁香蕉

Mizhi Xiangjiao
Guangzhou

In der quirligen Großstadt Guangzhou (Kanton) sind die unzähligen Imbißstuben und Garküchen an den Straßenecken von morgens fünf bis spätabends geöffnet, dort geht das Feuer unter dem Wok den ganzen Tag nicht aus. Fritierte Bananen sind einer der Leckerbissen, die man sich beim Bummeln immer wieder in den Mund schiebt.

Ausbackteig: *80 g Mehl, 2 EL Maisstärke, 1/4 TL Backpulver, 150 ml Wasser, 1 Eiweiß, 1 TL Sesamöl.*
4 nicht zu reife Bananen, 2 EL Sesamsamen, Erdnuß- oder Maisöl zum Fritieren, 5 EL Honig, Saft einer Zitrone

In einer Schüssel Mehl, Maisstärke und Backpulver mischen. Nach und nach unter ständigem Rühren Wasser, Eiweiß und Sesamöl untermischen.

Bananen schälen, von den Fäden befreien und in etwa 8 gleich große Stücke schneiden.

In einer flachen Pfanne Sesamsamen ohne Fett bei mittlerer Hitze rösten, bis sie hellbraun sind, dabei die Pfanne ab und zu hin- und herschütteln. Herausnehmen und beiseite stellen.

Öl im Wok oder im Fritiertopf erhitzen, Bananenstücke in den Ausbackteig tauchen und sofort 3–4 Minuten fritieren, bis sie goldbraun sind. Am besten in Portionen fritieren, damit die Stücke frei im Öl schwimmen können. Mit dem Sieblöffel herausnehmen und auf Küchenkrepp abtropfen lassen.

Honig mit Zitronensaft in einem Topf unter Rühren erhitzen, über die fritierten Bananen gießen. Sesamsamen darüberstreuen.

Hühnersuppe mit Bambussprossen und Pilzen

三鮮湯

San Xian Tang
Shanghai

Der chinesische Name dieser Suppe bedeutet „Suppe aus drei frischen Zutaten“, ironischerweise ist hier aber nur das Hühnerfleisch frisch, Bambussprossen sind bei uns eigentlich nur in Dosen erhältlich, chinesische Pilze kauft man in Tütchen. Onkel Chan sagte zu dieser Suppe immer: „Du kannst jeden Teil des Huhns dafür nehmen, außer dem, der als letzter über den Zaun fliegt.“

30 g getrocknete Tongupilze, 150 g vorgegartes Hühnerfleisch ohne Haut, 60 g Bambussprossen, 1 EL Sojasauce, 1 EL Reiswein oder trockener Sherry, 1 – 1 1/4 Liter Hühnerbrühe, Salz, Pfeffer, Koriandergrün

Pilze 1/2 Stunde in heißem Wasser einweichen. Hühnerfleisch in dünne Streifen schneiden. Bambussprossen abtropfen lassen und ebenfalls in dünne Streifen schneiden. Pilze abtropfen lassen, harte Stengel entfernen, Hüte ebenso in Streifen schneiden. Hühnerfleisch, Bambussprossen und Pilze in eine Schüssel geben, mit Sojasauce und Reiswein vermischen und ungefähr 1 Stunde durchziehen lassen. Hühnerbrühe erhitzen, alle Zutaten hineingeben, 1 Minute köcheln lassen. Mit Salz und Pfeffer abschmecken. Frische Korianderblätter darübergeben.
Heiß servieren.

Ingwertee

薑 茶

Jiang Cha
Guangzhou

Mit Ingwer aufgekocht und kalt getrunken ist Tee ein exotisch schmeckendes Erfrischungsgetränk.

5 cm Ingwerknolle, 1 Liter Wasser, 4 gestrichene EL grüner Tee, Honig, Zitronensaft, 4 Zitronenscheiben zum Garnieren

Ingwer schälen und in dünne Scheiben schneiden. Mit dem Wasser zum Kochen bringen, Teeblätter damit überbrühen und 3 Minuten ziehen lassen. Abseihen, mit Honig süßen und abkühlen lassen. Nach Erkalten mit Zitronensaft abschmecken. In Gläser füllen und mit Zitronenscheiben garnieren.

Karameläpfel

拔丝苹果

Basi Pingguo
Shanghai

Der Trick bei diesem Dessert ist, die Äpfel am Tisch ein bis zwei Sekunden in Eiswasser zu tauchen, damit die Karamelschicht hart wird.

4 feste säuerliche Äpfel (Granny Smith, Golden Delicious, Boskop), 1 EL Zitronensaft.
Ausbackteig: *120 g Mehl, 1 Ei, 8 EL Wasser, 1 EL Erdnuß- oder Maisöl.*
Erdnuß- oder Maisöl zum Fritieren, Eiswasser, 6 EL Erdnuß- oder Maisöl zum Karamelisieren, 150 g Zucker, 1 gehäufter EL Sesamsamen

Äpfel schälen, vierteln, Kernhaus entfernen und achteln. Zitronensaft darübergießen und gut vermischen. Durchziehen lassen. Mehl in eine Schüssel sieben. Ei und Wasser unterrühren, bis der Teig die Konsistenz von Pfannkuchenteig hat. 1/4 Stunde ruhen lassen, dann 1 EL Öl hineinrühren. Öl im Wok oder in einem Fritiertopf erhitzen. Die Apfelstücke in den Ausbackteig tauchen, danach sofort 2–3 Minuten fritieren, bis sie leicht Farbe angenommen haben. Herausnehmen und abtropfen lassen. Noch einmal etwa 1 Minute fritieren, bis die Apfelstücke goldgelb und knusprig sind. Herausnehmen und abtropfen lassen. Eine Schüssel mit Eiswasser bereitstellen. In einer Pfanne 6 EL Erdnuß- oder Maisöl erhitzen, Zucker darin auf mittlerer Hitze schmelzen, dabei ständig rühren. Sobald der Zucker aufgelöst und hellbraun ist, alle Apfelstücke hineingeben. Sesamsamen darüberstreuen, schnell mischen, bis die Apfelstücke mit Karamel überzogen sind. Auf einer Platte anrichten. Am Tisch Apfelstücke mit Stäbchen in das Wasser tauchen und essen.

Krabben in Tomatensauce

茄汁蝦球

Qiezhi Xiaqiu
Shanghai

Wenn in der chinesischen Küche auch Süßwasserfische bevorzugt werden, so sind Garnelen und andere Meeresfrüchte doch äußerst beliebt. Bei uns bekommt man frische Ware in küstenfernen Regionen eher selten zu kaufen, die tiefgefrorenen Krabben und Garnelen sind für alle Rezepte ebenso geeignet.

500 g große küchenfertige Krabben, 8 Knoblauchzehen, 5 Lauchzwiebeln, 1 Dose geschälte Tomaten, Erdnuß- oder Maisöl zum Braten, 1/2 TL Salz, 1 EL dicke Sojasauce, 1 TL Zucker, 1 EL Maisstärke, 1 TL Sesamöl

Falls Sie gefrorene Krabben verwenden, zuerst auftauen. Knoblauch feinhacken oder zerdrücken. Lauchzwiebeln in 2–3 cm lange Röllchen schneiden. Tomaten abtropfen lassen und in kleine Stücke schneiden. Krabben abwaschen und trockentupfen.

Im Wok oder in einer Pfanne Öl erhitzen, Knoblauch und Lauchzwiebeln darin glasig dünsten. Krabben dazugeben und unter ständigem Rühren rohe Krabben so lange braten, bis sie sich rosa verfärben, vorgekochte nur 1–2 Minuten braten. Herausnehmen und beiseite stellen. Öl im Wok lassen. Die Tomatenstücke hineingeben und erhitzen. Salzen. Sojasauce, Zucker und Maisstärke miteinander verrühren und unter Rühren in die Tomatenmasse geben. Sobald die Masse kocht, Hitze reduzieren, eine Minute köcheln lassen. Krabben dazugeben und miterhitzen. Zum Schluß Sesamöl darüberträufeln.

In vorgewärmter Schüssel zu Reis servieren.

Krabbenkugeln

炸虾球

Zha Xiaqui
Sichuan

Das untergemischte Schweinefleisch macht diese Appetithäppchen besonders weich. Sie sollten etwas kleiner als gewöhnliche Klößchen geformt sein, damit Sie sichergehen können, daß sie auch ganz durchfritiert werden. Eine originelle Beilage zum Aperitif oder zum Wein.

400 g Krabbenfleisch frisch oder gefroren,
100 g durchwachsenes Schweinefleisch,
1 Knoblauchzehe, 2 TL Speisestärke,
1 TL Salz, frisch gemahlener Pfeffer,
1 TL Reiswein oder trockener Sherry,
2 Eiweiß, Paniermehl,
Erdnuß- oder Maisöl zum Fritieren

Krabbenfleisch und Schweinefleisch sehr fein hacken oder durchdrehen. Knoblauch zerdrücken und mit der Fleisch-Krabben-Masse, der Speisestärke, Salz, Pfeffer, Reiswein und Eiweiß gut vermischen.

Im Kühlschrank 1/2 Stunde durchziehen lassen. Danach aus jeweils 1 EL der Mischung Kügelchen formen, am besten mit feuchten Händen. Die Kugeln in Paniermehl wenden, so daß sie rundum bedeckt sind.

Öl zum Fritieren in einem Wok oder Fritiertopf erhitzen, nicht zu heiß werden lassen. Kugeln etwa 2 Minuten fritieren, bis sie goldgelb sind. Kugeln müssen genügend Platz haben, deshalb eventuell in mehreren Portionen fritieren. Herausnehmnen und abtropfen lassen. Öl erneut erhitzen und nochmals 1 Minute fritieren, bis die Kugeln goldbraun sind. Herausnehmen und abtropfen lassen. Cocktailspießchen hineinstecken und servieren.

Lamm süß-sauer

塔斯蜜

Tasimi
Beijing

Die beiden charakteristischen Bestandteile dieses Gerichtes kommen aus der Mongolei. In dieser unwirtlichen, dünnbesiedelten Region Nordchinas wachsen in den fruchtbaren Landstrichen entlang des Gelben Flusses immerhin Zuckerrüben, Weizen und Hirse. Ausgedehntes Weideland bietet genug Platz für widerstandsfähige Schafe, Ziegen, Rinder, Pferde und sogar Kamele, hier erstreckt sich das größte Viehzuchtgebiet Chinas. Dieses Rezept ist eine echte Rarität, die Sie kaum im Chinarestaurant angeboten bekommen.

500 g Lammfleisch aus der Keule oder Hammelfilet, 1 EL Hoisinsauce, 2 EL Maisstärke.
Würzsauce: *6 EL Sojasauce, 2 EL Essig, 2 EL Reiswein oder trockener Sherry, 2 EL Melasse, 2 EL Zucker, 3 EL Sesamöl. Erdnuß- oder Maisöl zum Fritieren, 1 EL Maisstärke*

Das Fleisch in 2 cm große Würfel schneiden. In einer Schüssel mit Hoisinsauce und 2 EL Maisstärke vermischen, so daß alle Fleischwürfel gut überzogen sind. In einer separaten Schüssel alle Zutaten für die Würzsauce verrühren.
Öl in einem Wok oder einem Fritiertopf erhitzen. Das Fleisch 3 Minuten fritieren. Fleisch herausnehmen. Bis auf einen Rest Öl aus dem Wok oder dem Fritiertopf ausgießen. Fleisch und Würzsauce hineingeben, erhitzen, dabei ständig rühren, bis alles gut mit Sauce überzogen ist und andickt.
Heiß mit Reis, Gemüse oder Salat servieren.

Löwenköpfe mit Krebsfleisch

蟹黃獅子頭

Xiehuang Shizi Tou
Shanghai

Die Fleischklöße heißen so, weil sie zusammen mit dem Chinakohl wie Löwenköpfe aussehen.

500 g Chinakohl, 1 cm Ingwerknolle, 2 Lauchzwiebeln, 300 g Schweinefleisch, 200 g Krebsfleisch aus der Dose, 3 EL Wasser, 1 TL Salz, 2 1/2 EL dicke Sojasauce, 2 EL Reiswein oder trockener Sherry, 1 TL brauner Zucker, 2 EL Maisstärke, 2 EL Wasser, 4 EL Erdnuß- oder Maisöl, 1/4 – 1/2 Liter Brühe, 2 TL Maisstärke zum Andicken

Stengel und Blätter des Chinakohls getrennt in 5–6 cm große Stücke reißen. Ingwer schälen und mit den Lauchzwiebeln feinhacken. Schweinefleisch und Krebsfleisch feinhacken oder durchdrehen. Ingwer, Lauchzwiebeln, Wasser, Salz, Sojasauce, Reiswein und Zukker dazugeben und alles vermischen. Aus der Fleischmasse 4 gleich große Klöße formen. Maisstärke und Wasser verrühren, die Klöße darin wenden, daß sie überzogen sind.

Öl in einer Pfanne erhitzen und Klöße von allen Seiten goldbraun braten. Herausnehmen. Im Bratfond die Blattstiele des Kohls unter Rühren 1/2 Minute anbraten, Blätter dazugeben und unter Rühren 1 Minute weiterdünsten. Eine feuerfeste Form mit der Hälfte des Kohls auslegen, die Klöße darauflegen, mit dem restlichen Kohl bedecken. Öl vom Anbraten und 1/4 Liter Brühe darübergießen. Im vorgeheizten Backofen zugedeckt 1/2 Stunde bei 180° C garen. Bei Bedarf Brühe nachgießen. Auf vorgewärmter Platte anrichten. Brühe mit glattgerührter Maisstärke andicken, über die Klöße gießen. Dazu paßt Reis.

Maiscremesuppe mit Hühnerfleisch

雞茸粟米湯

Jirong Sumi Tang
Guangzhou

Die cremige Maiskornsuppe ist recht ungewöhnlich für die chinesische Küche, da eigentlich klare Suppen bevorzugt werden. Nehmen Sie am besten Maiskörner aus der Dose. Falls Sie es noch cremiger wünschen sollten, können Sie Milch dazugeben, selbst wenn in China kaum Milch verwendet wird.

250 g vorgegartes Hühnerfleisch, 1 EL Reiswein oder trockener Sherry, 2 TL Sojasauce, 250 g Maiskörner, 1 Liter Hühnerbrühe, 2 Eier, 1 EL Speisestärke, 2 Lauchzwiebeln, Sesamöl, Salz, Pfeffer

Hühnerfleisch in Streifen schneiden. Mit Reiswein und Sojasauce vermischen und durchziehen lassen.
Maiskörner abtropfen lassen und die Hälfte im Mixer pürieren. Hühnerbrühe zum Kochen bringen, pürierte und ganze Maiskörner dazugeben. Eier verquirlen und unter Rühren in die Suppe geben. Speisestärke in etwas Wasser glattrühren und Suppe damit andicken. Hühnerfleisch dazugeben und alles 5 Minuten köcheln lassen. Lauchzwiebeln waschen und in Längsstreifen schneiden. Wenige Spritzer Sesamöl darübergeben. Mit Salz und Pfeffer abschmecken. Heiß servieren.

Mandarinpfannkuchen

荷葉餅

Heye Bing
Beijing

Mandarinpfannkuchen sind neben Reis die beliebteste Beilage in der chinesischen Küche des Nordens. Sie werden dort fast immer zu geschnetzeltem Fleisch oder Fisch gereicht. Bei der Pekingente dürfen sie auf keinen Fall fehlen.

Für 6 Personen:
300 g Mehl, 1/4 Liter kochendes Wasser, 1–2 EL Sesamöl

Mehl in eine Rührschüssel geben, kochendes Wasser hineingießen, dabei mit einem Holzlöffel rühren, bis alles vermischt ist. Teig auf bemehltem Brett gut durchkneten, bis er elastisch ist. Mit Tuch bedecken und mindestens 30 Minuten ruhen lassen.
Teig nochmals durchkneten. Zu einer Rolle von 4 cm Durchmesser formen und in 16 gleich große Stücke schneiden. Mit der Hand jedes Teigstück flachdrücken und jeweils zwei Stück paarweise nebeneinanderlegen. Jeweils eine Teigscheibe mit Sesamöl bepinseln und eine ungeölte Teigscheibe darauflegen. Die aufeinanderliegenden Scheiben mit einer Teigrolle von der Mitte her ausrollen, bis sie einen Durchmesser von etwa 15 cm haben. Eine Bratpfanne (möglichst mit Teflon beschichtet) mit Sesamöl bepinseln und jede Doppelscheibe beidseitig backen, dabei die Pfanne kurz rütteln, damit die Pfannkuchen nicht ankleben. Sobald Pfannkuchen hellbraune Flecken bekommen, aus der Pfanne nehmen und beide Schichten voneinander ziehen. Mit einem umgedrehten Teller bedecken oder in Alufolie eingewickelt über einen Topf mit kochendem Wasser legen.

胡元興
OH
SESAME

Mandelplätzchen

核桃酥

Hetao Su
Beijing

Diese Plätzchen heißen eigentlich „Walnußplätzchen“, da sie die Größe und Form von Walnüssen haben. Sie können mit ganz verschiedenen Nüssen und Kernen verfeinert werden.
Die Chinesen lieben Süßes ganz besonders. Plätzchen und Kuchen werden meist zum Tee oder als kleine Zwischenmahlzeit gegessen. Sie dürfen außerdem bei keinem der vielen chinesischen Feste fehlen.

Für etwa 20 Stück:
200 g Mehl, 1/2 TL Backpulver, 1 Eigelb, 80 g Staubzucker, 5 EL Sesamöl, 60 g Margarine, 50 g gehackte Mandeln, 1 TL Ingwerpulver, 1 EL Orangenlikör, ganze geschälte Mandeln zum Verzieren

Mehl und Backpulver in eine Schüssel sieben. In die Mitte eine Vertiefung drücken und das Eigelb hineingeben. Nach und nach Zucker, Sesamöl und Margarine einarbeiten, dabei mit der Hand die Masse verkneten.
Gehackte Mandeln, Ingwerpulver und Orangenlikör in den Teig kneten. Backofen auf 180° C vorheizen. Aus dem Teig mit den Händen Kugeln von ca. Walnußgröße formen. Jeweils eine ganze Mandel in die Teigkugel drücken und auf das eingefettete Backblech legen. 15 Minuten bei 180°C backen.

Mangospalten mit Orangensirup

橘汁杧果

Juzhi Mangguo
Guangzhou

Wenn sich in den letzten Jahren das Angebot an tropischen Früchten auf unseren Märkten auch deutlich verbessert hat, so zählen Mangofrüchte doch immer noch zu den Exoten. Sie können von sehr unterschiedlicher Größe sein, manche Exemplare erreichen bis zu 25 cm. Da die Färbung der Schale, die von Grün bis Rot alle Schattierungen aufweisen kann, nichts über den Reifegrad des Fruchtfleisches aussagt, sollten Sie auf jeden Fall per Fingerdruck prüfen, ob sie reif ist, auch wenn das unter Protest der Verkäuferin geschieht. In Südostasien gehört die Mangofrucht seit Jahrtausenden zur täglichen Nahrung. Ihr köstliches Aroma kommt am besten zur Geltung, wenn sie kalt gegessen wird, man sollte sie daher vor dem Verzehr in den Kühlschrank legen.

1 große reife Mango oder 2 kleinere, 1 EL Orangeat, 1 große Orange, 2 EL brauner Zucker, 1 Messerspitze Zimt, 1 Messerspitze Ingwerpulver

Mango schälen und in Spalten schneiden, abtropfenden Saft auffangen. Spalten auf 4 Dessertellern anrichten. Orangeat sehr fein hakken. Orange auspressen und Saft zusammen mit dem aufgefangenen Mangosaft und dem Orangeat in einem Topf erhitzen, Zucker und Gewürze hineinrühren. So lange unter Rühren kochen, bis die Flüssigkeit etwas dick wird. Diesen Sirup über die Mangospalten gießen und servieren.

Gefüllte Muscheln

豉汁釀蛤蜊

Chizhi Niang Geli
Beijing

Wenn Sie gerne Meeresfrüchte essen, werden Sie von diesen Muscheln begeistert sein.

24 Muscheln, 1 cm Ingwerknolle, 4 Knoblauchzehen, 2 Lauchzwiebeln, 2 EL fermentierte schwarze Bohnen, 2 TL Zucker, Erdnuß- oder Maisöl zum Braten, 250 g Schweinehack, 2 EL Reiswein oder trockener Sherry, 3 EL Brühe, 1 EL dicke Sojasauce, 180 g pürierte Wasserkastanien, Pfeffer, Salz, 1 EL Maisstärke

Muscheln unter Wasser bürsten, in einem Topf mit 1/4 Liter Wasser zugedeckt zum Kochen bringen, bis sie sich öffnen, nicht geöffnete wegwerfen. Muscheln aus der Schale lösen. Schalen und Wasser aufbewahren.

Muscheln im Mixer pürieren. Ingwer, Knoblauch und Lauchzwiebeln feinhacken. Fermentierte schwarze Bohnen zerdrücken und Zucker untermischen. Öl im Wok oder in einer tiefen Pfanne erhitzen. Ingwer, Knoblauch und Lauchzwiebeln darin glasig dünsten, pürierte Bohnen dazugeben. Muschelfleisch 1/2 Minute unter Rühren anbraten, Schweinehack dazugeben, immer weiterrühren. Reiswein, Brühe und Sojasauce dazugeben. 8–10 Minuten köcheln lassen, dabei immer rühren.

Masse in ein Sieb gießen, ablaufende Flüssigkeit auffangen. Masse im Sieb mit Wasserkastanien, Pfeffer und Salz vermischen. Muscheln füllen und über kochendem Wasser in einem Dämpfeinsatz oder einem Teller 20 Minuten dämpfen.

Die aufgefangene Flüssigkeit mit dem Kochwasser zum Kochen bringen. Mit in Wasser glattgerührter Maisstärke andicken und über die Muscheln gießen.

Nudeln mit Krabben und Schweinefleisch

蝦仁肉絲炒麵

Xiaren Rousi Chao Mian
Guangzhou

China steht dem Nudelland Italien in nichts nach, was Vielfalt an Farben und verwendete Grundstoffe anbelangt. Nudeln haben in China symbolische Bedeutung, sie stehen für ein langes Leben, daher wäre es fast ein Verbrechen, die langen Nudeln zurechtzustutzen.

250 g chinesische Eiernudeln (ersatzweise Buchweizennudeln oder Spaghetti), 150 g küchenfertige Krabben, 150 g Schweinefleisch, 8 Lauchzwiebeln, 2 Knoblauchzehen, Erdnuß- oder Maisöl zum Braten, 1 Eiweiß, 1 TL Salz, 2 EL Reiswein oder trockener Sherry, 1 TL Maisstärke, 1/2 TL Sesamöl, Sojasauce, Pfeffer

Chinesische Eiernudeln mit kochendheißem Wasser überbrühen und 3 Minuten gar ziehen lassen, Buchweizennudeln oder Spaghetti nach Anleitung garkochen. Nudeln abtropfen lassen. Krabben abspülen und abtropfen lassen. Schweinefleisch schnetzeln. Lauchzwiebeln waschen und in feine Röllchen schneiden. Knoblauch schälen und zerdrücken. Öl im Wok oder in einer tiefen Pfanne erhitzen. Nudeln unter Rühren anbraten. Herausnehmen und warmstellen. Erneut Öl im Wok oder in der Pfanne erhitzen, Schweinefleisch und Krabben zusammen mit dem Eiweiß unter Rühren etwa 3 Minuten braten. Lauchzwiebeln, Knoblauch, Salz und Reiswein dazugeben und weitere 2 Minuten pfannenrühren, bis alles gar ist. Mit in Wasser glattgerührter Maisstärke andicken, Sesamöl darüberträufeln. Nudeln untermischen. Mit Sojasauce und Pfeffer abschmecken und heiß servieren.

生抽王
SUPERIOR SOY
150ml

Obstsalat mit Litschis

鲜果冷盘

Xianguo Lengpan
Guangzhou

Die schuppige Schale der Litschis läßt kaum vermuten, daß sich dahinter eine Frucht verbirgt, die zu den aromatischsten und feinsten der Welt zählt. Entfernt man die dünne, spröde und daher leicht zerbrechliche Schale, kommt eine weiße, durchscheinende Frucht von Pflaumengröße mit einem saftreichen Fruchtfleisch zum Vorschein. Litschis werden in ganz China als frische Frucht verzehrt oder als pikante Beilage in Form von Kompott zu Fleisch- und Fischgerichten gereicht. Auch getrocknet kommen sie auf den Markt als sogenannte Litschinüsse oder „chinesische Haselnüsse“. Litschis ohne Schale und Samen in Dosen unter Zusatz von Fruchtsäure und Zucker sind seit einiger Zeit bei uns erhältlich, aber auch immer häufiger als frische Früchte nicht nur in Spezialgeschäften anzutreffen. Frische Litschis sind den konservierten aufgrund ihres köstlichen Aromas in jedem Fall vorzuziehen.

1 kleine Honigmelone, 150 g frische Litschis oder 1 kleine Dose, 100 g Kirschen (Dose), 1 Dose Mandarinen, 1 EL Honig, 1 Zitrone, 3 EL Sherry, 1 EL Zucker, 50 g Walnußkerne

Melone halbieren, Kerne mit einem Löffel entfernen. Melone schälen und in Spalten schneiden. Frische Litschis schälen und Kerne entfernen, Dosenware abtropfen lassen. Kirschen und Mandarinen ebenfalls abtropfen lassen. Früchte mischen. Honig, Zitronensaft, Sherry und Zucker verrühren und über das Obst gießen, untermischen und 1 Stunde durchziehen lassen. Walnüsse grobhacken, unter die Früchte mischen und den fertigen Salat servieren.

Buntes Omelette

芙蓉雞片

Furong Jipian
Guangzhou

Wenn auch das Ei in der chinesischen Küche eher eine zweitrangige Rolle spielt als Suppeneinlage oder Imbiß, gibt es doch einige Eiergerichte, die Sie sich nicht entgehen lassen sollten. Neben Hühnereiern werden in China auch Enteneier gegessen, wie etwa die berühmten Tausendjahreier. Man findet aber auch Tauben- und Wachteleier auf den Speisekarten, hier genügen Hühnereier.

2–3 getrocknete Tongupilze, 60 g vorgegartes Schweinefleisch, 60 g Bambussprossen, 2 cm Ingwerknolle, 60 g Lauchzwiebeln, 5 große Eier, 1/2 TL Salz, 1/4 TL Pfeffer, 1 TL Maisstärke, 4 EL Erdnuß- oder Maisöl, 1/2 TL Sesamöl

Pilze in heißem Wasser 1/2 Stunde einweichen. Ausdrücken, harte Stiele entfernen, Hüte in Streifen schneiden. Schweinefleisch in Streifen schneiden. Bambussprossen abtropfen lassen und ebenfalls in Streifen schneiden. Ingwer schälen und feinhacken, Lauchzwiebeln in feine Röllchen schneiden. Eier verquirlen, mit Salz und Pfeffer würzen. Maisstärke in Wasser auflösen und dazugeben. 2 EL Öl im Wok oder in einer Pfanne erhitzen. Schweinefleischstreifen, Bambusstreifen, Pilze, Lauchzwiebeln und Ingwer ungefähr 1 Minute unter Rühren scharf anbraten. Herausnehmen und Masse unter die verquirlten Eier rühren. Wieder 2 El Öl in der Pfanne erhitzen, Eiermasse hineingeben und bei mittlerer Hitze auf beiden Seiten backen, bis Omelette leicht gebräunt ist. Mit Sesamöl beträufeln, zusammenklappen und mit körnigem Reis servieren. Dazu schmeckt der klassische Omelettedip aus 1 EL dicker Sojasauce und 2 EL Obstessig.

Pekingente

北京烤鴨

Beijing Kao Ya
Beijing

Schon vor siebenhundert Jahren begeisterten Hofköche die chinesischen Kaiser mit der Pekingente. Es dauert vier Tage, bis aus einem gewöhnlichen Exemplar der weißen Pekingrasse eine knusprige Berühmtheit geworden ist. Die Zubereitung einer original Pekingente ist so aufwendig, daß man sie einem Hobbykoch eigentlich nicht zumuten kann. Das folgende Rezept eines chinesischen Restaurantkochs wurde für den Hausgebrauch vereinfacht.

1 gut gemästete, möglichst frische junge Ente (2–2 1/2 kg), 1/2 Glas Wodka oder Gin, 2 TL Salz, 170 g Honig oder Melasse, 1 EL Reiswein oder trockener Sherry, 1/4 Liter kochendes Wasser, 1 Bund Lauchzwiebeln, Hoisin- oder Pflaumensauce

Am Tag davor: Ente gründlich waschen, Fett, Fettdrüsen und die beiden äußersten Enden der Flügel abschneiden. Ente innen und außen trockenreiben. Haut mit Wodka oder Gin einreiben und 1/2 Stunde einziehen lassen. In einem großen Topf genügend Wasser zum Kochen bringen, Ente in das kochende Wasser tauchen, um die Haut abzubrühen. Ente herausnehmen, bevor das Wasser wieder kocht. Ente trockentupfen, innen mit Salz einreiben und am hinteren Ende mit einem Fleischerhaken an einer luftigen Stelle für 4 Stunden aufhängen. In der Zwischenzeit Honig oder Melasse mit Reiswein und kochendem Wasser verrühren und die Ente damit drei- bis viermal in stündlichen Abständen einpinseln. Die Ente nochmals für 12–24 Stunden aufhängen, diesmal an zwei Haken an den Flügeln, so daß diese den Körper der Ente nicht berühren. Stellen Sie eine Schüssel darunter, um heraustropfende Flüssigkeit aufzufangen.

Ente auf einem Bratrost in den Backofen legen, darunter eine Fettpfanne stellen, die 5 cm hoch mit Wasser gefüllt ist. Die Flügel mit Aluminiumfolie bedecken und die Ente bei 220°C 20–25 Minuten braten. Hitze dann auf 160°C reduzieren und in 1 weiteren Stunde zu Ende garen, dabei nach der Hälfte der Garzeit Ente umdrehen. Die Haut der Ente sollte dunkelbraun und leicht rot sein, wenn das nicht der Fall ist, Hitze auf 190°C erhöhen.

Ente aus dem Backofen nehmen und 5 Minuten leicht abkühlen lassen. Die Haut ablösen und in 3–5 cm große Stücke schneiden. Das Entenfleisch von den Knochen lösen und in mundgerechte Stücke schneiden. Auf einer vorgewärmten Platte anrichten.

Zwischenzeitlich Lauchzwiebeln, Mandarinpfannkuchen (Rezept Seite 118) und Pflaumensauce (Seite 156) zubereiten. Den weißen Teil der Lauchzwiebeln so oft wie möglich 2,5 cm weit einschneiden und in eiskaltes Wasser tauchen, damit sie sich einrollen. Bis zum Servieren im Wasser lassen.

Pekingente mit Mandarinpfannkuchen, Hoisinsauce oder Pflaumensauce servieren.

Bei Tisch mit den „Zwiebelpinseln" die Sauce auf die Pfannkuchen streichen, ein paar Hautstücke und einen Zwiebelpinsel darauflegen und einrollen. Es ist wichtig, alle Beilagen gleichzeitig auf den Tisch zu bekommen.

Pilze mit Chinakohl

冬菇菜心

Donggu Caixin
Guangzhou

Für Lu Yu, einen chinesischen Poeten und Philosophen des 17. Jahrhunderts, verkörperten Pilze die wilde, unbändige Natur. Sie besäßen zwar eine Form, aber fast keine Substanz, schössen plötzlich über Nacht aus dem Boden. Wenn man sie verspeist, so meinte er, könne man sich einen Teil von der Kraft der Natur einverleiben.

15 getrocknete Tongupilze, 1 mittelgroßer Chinakohl, 250 g frische Champignons, 4 Lauchzwiebeln, Erdnuß- oder Maisöl zum Braten, 1/4 Liter Hühnerbrühe, Salz, 2 EL Sojasauce, 2 TL Zucker, 1 TL Maisstärke, Sesamöl

Tongupilze 1/2 Stunde in heißem Wasser einweichen, ausdrücken, harte Stiele entfernen. Chinakohl und Champignons waschen und in Streifen schneiden. Das Weiße der Lauchzwiebeln feinhacken, das Grüne in 2 cm lange Röllchen schneiden.

3 EL Öl im Wok oder in einer tiefen Pfanne erhitzen. Chinakohl darin unter Rühren 2 Minuten braten. Knapp 1/4 Liter Hühnerbrühe dazugeben, 3 EL übriglassen. Salzen. 1 EL Sojasauce und 1 TL Zucker dazugeben, zugedeckt 5 Minuten dünsten lassen. Mit in Wasser glattgerührter Maisstärke andicken. Warmstellen.

Im Wok oder in der Pfanne erneut Öl erhitzen, Lauchzwiebeln andünsten, Pilze hineingeben und unter Rühren kurz anbraten. 1 EL Sojasauce, 3 EL Brühe und grüne Lauchzwiebeln dazugeben. Weiterrühren, bis die Flüssigkeit eingekocht ist. Ein paar Spritzer Sesamöl darübergeben. Pilze auf einer vorgewärmten Platte anrichten, Chinakohl herumlegen und heiß servieren.

小磨芝麻油
ESAME OIL

Fritiertes Poulardenfleisch

黄焖雞塊

Huangmen Jikuai
Beijing

In China werden junge Hähnchen, wie man sie bei uns aus der Intensivhaltung kennt, selten zubereitet. Man bevorzugt ältere Tiere, deren Eigengeschmack intensiver ist. Deshalb sollte man bei diesem Gericht eine Poularde verwenden.

1 küchenfertige Poularde (etwa 1,5 kg).
Marinade: *2 EL dicke Sojasauce, 3 EL Reiswein oder trockener Sherry.*
5 Lauchzwiebeln, 2 cm Ingwerknolle, 300 g Bambussprossen (Dose), Öl zum Fritieren und Braten, 300 ml Hühnerbrühe, Salz, 1 EL Reiswein, 1 EL Melasse

Poularde abwaschen und mit Küchenkrepp trockentupfen. Entbeinen und Fleisch in mundgerechte Stücke schneiden. Mit Sojasauce und Reiswein begießen, vermischen und durchziehen lassen. Lauchzwiebeln waschen, Ingwer schälen und beides feinhacken. Bambussprossen in Stücke schneiden.

In einem Wok oder Fritiertopf Öl erhitzen und die Poulardenstücke darin etwa 1 Minute fritieren. Herausnehmen und dann gut abtropfen lassen.

Etwas Öl in einer Pfanne erhitzen und die Lauchzwiebeln zusammen mit dem Ingwer und den Bambussprossen unter Rühren etwa 2 Minuten braten. Hühnerbrühe dazugeben und mit Salz, Reiswein und Melasse würzen. Poulardenstücke hineingeben und unter gelegentlichem Rühren weiterschmoren, bis die Flüssigkeit eingekocht ist. Mit Reis servieren.

Regenbogensalat

彩虹素冷盤

Caihong Su Lengpan
Shanghai

Pfannengerührte Gemüse präsentieren sich hier in allen Farben des Regenbogens.

10 getrocknete Tongupilze, 1 Salatgurke, Salz, 1 rote Paprikaschote, 1 gelbe Paprikaschote, 100 g Karotten, 1 kleiner Bund Lauchzwiebeln, 1 Dose Sojakeimlinge (220 g), 1 Ei, 5 EL Erdnuß- oder Maisöl.
Salatsauce: *1 EL Sojasauce, 1 EL Reiswein, 2 EL Weinessig, 1 EL scharfer Senf, 1 EL Zucker; 1 EL Pinienkerne*

Pilze in heißem Wasser 1/2 Stunde einweichen, Stiele entfernen, Hüte in Streifen schneiden. Gurke schälen, längs halbieren, Kerne auskratzen, wegwerfen. In hauchdünne Scheiben schneiden und salzen. Nach 1/4 Stunde Wasser abtupfen. Paprikaschoten waschen, von Samen befreien und in Streifen schneiden. Karotten abbürsten und stifteln. Das Weiße der Lauchzwiebeln feinhacken, das Grüne in Röllchen schneiden. Sojakeimlinge auf einem Sieb unter fließendem Wasser abspülen und abtropfen lassen. Ei verquirlen. 4 EL Öl im Wok oder in einer tiefen Pfanne erhitzen, weiße Lauchzwiebeln glasig dünsten, Pilz- und Paprikastreifen unter Rühren 2–3 Minuten braten, dann Karottenstifte und Sojakeimlinge dazugeben und unter Rühren 2 Minuten weiterbraten. Grüne Lauchzwiebeln dazugeben und noch 2 Minuten weiter pfannenrühren. Gemüse abkühlen lassen. Restliches Öl erhitzen und aus dem Ei ein Omelette backen, in Streifen schneiden.

Für die **Salatsauce** Zutaten verrühren. Gurkenscheiben roh zu den Gemüsen geben, Salatsauce darübergeben und mischen. Pinienkerne darüberstreuen, Omelettestreifen in Gitterform darauflegen.

Acht-Köstlichkeiten-Reis

八寶甜飯

Babao Tianfan
Beijing

Wie bei den anderen Gerichten mit acht Köstlichkeiten werden auch hier viele exotische Zutaten verwendet. Grüne Pflaumen können Sie durch Ananas ersetzen. Falls Sie kein Freund von kandierten Früchten sind, nehmen Sie frische.

250 g Rundkornreis, 3/4 Liter Milch, 3 EL Butter oder Pflanzenfett, 1 1/2 EL Zucker, 3 kandierte rote Datteln, 3 kandierte rote Kirschen, 3 kandierte grüne Pflaumen, 8 Würfel Orangeat, 10 Rosinen, 10 Sultaninen, 50 g Walnüsse, 100 g süße rote Bohnenpaste.
Sirup: *1/4 Liter Wasser, 150 g Honig, 2 TL Maisstärke, 2 EL Orangenlikör*

Milch mit dem Reis zum Kochen bringen, Hitze reduzieren und zugedeckt bei geringer Hitze ausquellen lassen. Fett und Zucker unterrühren. Kandierte Früchte in Würfelchen schneiden. Boden einer hitzebeständigen Schale nach einem selbst entworfenen Muster mit Früchten und Nüssen auslegen, die Hälfte des Reises darübergeben, etwas andrücken. Süße rote Sojabohnenpaste gleichmäßig auf Reisschicht streichen und mit restlichem Reis bedecken. Schale in Dämpfeinsatz des Dampftopfes stellen und etwa 1 Stunde über kochendem Wasser dämpfen, dabei Wasser nachgießen, falls nötig.
Für den **Sirup** Wasser, Honig und Maisstärke unter Rühren erhitzen, bis auf etwa die Hälfte einkochen, Orangenlikör unterrühren.
Schüssel mit dem Reis aus dem Dämpftopf nehmen und auf eine Platte stürzen. Sirup über Reis geben und heiß servieren.

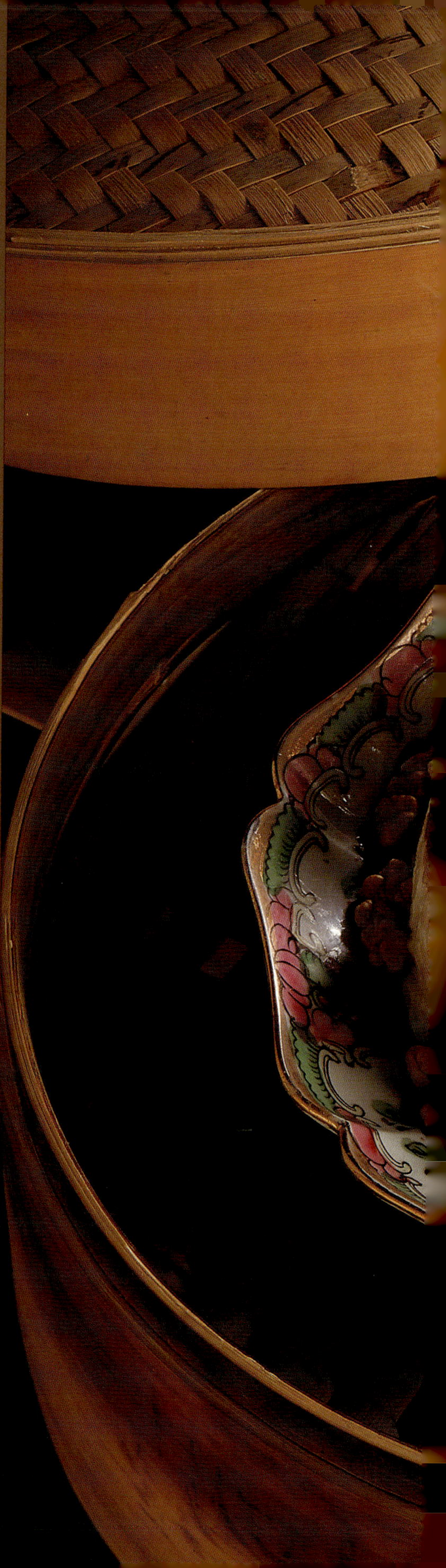

Gebratener Reis Yangzhou

楊州炒飯

Yangzhou Chao Fan
Shanghai

Normalerweise wird bei chinesischen Festessen ein Reisgericht zum Schluß gereicht.

200 g Reis, 10 getrocknete Tongupilze, 200 g frische oder gefrorene Krabben, 100 g frische oder gefrorene Erbsen, 150 g Sojakeimlinge, 2 Knoblauchzehen, 200 g gekochter Schinken, 3 Lauchzwiebeln, 2 Eier, 8 EL Erdnuß- oder Maisöl, 2 EL Sojasauce, 2 EL Austernsauce, 1 Tasse Brühe, 1 EL Reiswein oder trockener Sherry, Salz, Pfeffer

Reis garkochen. Pilze in heißem Wasser einweichen, ausdrücken, Stiele entfernen, Hüte vierteln. Gefrorene Krabben auftauen. Gefrorene Erbsen 3 Minuten in Wasser garkochen, frische in 10 Minuten. Sojakeimlinge abspülen, abtropfen lassen. Knoblauch feinhacken, Schinken würfeln, das Weiße der Lauchzwiebeln feinhacken, das Grüne in Röllchen schneiden. Eier verquirlen. Im Wok 2 EL Öl erhitzen, Knoblauch und weiße Lauchzwiebeln glasig dünsten, Krabben darin unter Rühren 1 Minute scharf anbraten, beiseite stellen. 6 EL Öl im Wok erhitzen, Schinkenwürfel und Eimasse unter Rühren anbraten, den Reis dazugeben, weiterrühren. Pilze, Krabben, Erbsen und Sojakeimlinge dazugeben, mit Sojasauce, Austernsauce und Brühe ablöschen und 2 Minuten unter Rühren braten. Reiswein dazugeben, mit Salz und Pfeffer abschmecken. Auf vorgewärmter Platte anrichten und grüne Lauchzwiebeln darüberstreuen. Heiß servieren.

雕
ALCOHOLIC CONT 18% BY VOLUME

Rinderfilet mit Brokkoli

木立花菜牛里脊

Mulihuacai Niuliji
Guangzhou

Für gesundheitsbewußte Leute ist dieses Gericht ideal, weil der Anteil an Gemüse sehr hoch ist.

400 g Rinderfilet.
Marinade: *3 EL Sojasauce, 1 EL Reiswein oder trockener Sherry, 1 EL Maisstärke, 1 TL Zucker.*
500 g Brokkoli, 1 Knoblauchzehe, 2 Lauchzwiebeln, 1 cm Ingwerknolle, 5 EL Erdnuß- oder Maisöl zum Braten, 1/2 TL Salz, 1/2 Tasse Brühe

Das Fleisch quer zur Faser in 4 cm große Scheibchen schneiden, die nur 1/2 cm dick sein sollten. Für die **Marinade** alle Zutaten in einer Schüssel verrühren, über das Fleisch geben, untermischen und 1/2 Stunde durchziehen lassen.
Den Brokkoli waschen, abtropfen lassen und zerteilen, dabei die Röschen und die groben Stiele voneinander trennen. Die Stiele in Stäbchen schneiden, die Röschen in mundgerechte Stückchen. Knoblauch zerdrücken, Lauchzwiebeln in 1 cm große Stücke schneiden, Ingwer schälen und feinhacken. 2 EL Öl im Wok oder in einer Pfanne erhitzen, Knoblauch darin glasig dünsten, Brokkolistücke hineingeben, salzen, mit Brühe ablöschen. 5 Minuten unter ständigem Rühren dünsten. Herausnehmen und warmstellen.
3 EL Öl im Wok oder in der Pfanne erhitzen, Ingwer und Lauchzwiebeln hineingeben und glasig dünsten. Das Rindfleisch dazugeben und etwa 2 Minuten scharf anbraten. Brokkoli dazugeben, mit dem Fleisch vermischen. Auf einer vorgewärmten Platte servieren.

Rindfleisch in Austernsauce

蠔油牛肉

Haoyou Niurou
Guangzhou

Austernsauce bekommen Sie in Chinaläden oder gut sortierten Supermärkten.

500 g Rinderfilet oder Rumpsteak.
Marinade: *1/4 TL Salz, Pfeffer, 1/2 TL Zucker, 2 EL dicke Sojasauce, 1 EL Reiswein oder trockener Sherry, 1 TL Maisstärke, 1–2 EL Wasser, 2 TL Sesamöl.*
2 mittelgroße Karotten, 3 Knoblauchzehen, 2 cm Ingwerknolle, 4 Lauchzwiebeln, 5–6 EL Erdnuß- oder Maisöl, 1 EL Reiswein oder trockener Sherry.
Sauce: *1 TL Maisstärke, 6 EL Brühe, 3 EL Austernsauce*

Rindfleisch quer zur Faser in dünne Scheiben schneiden.
Für die **Marinade** alle Zutaten verrühren, mit dem Fleisch vermischen, durchziehen lassen. Karotten in Streichholzlänge stifteln, Knoblauchzehen, Ingwer und weißen Teil der Lauchzwiebeln feinhacken, grünen Teil in Röllchen schneiden. 5 EL Öl im Wok oder in einer tiefen Pfanne erhitzen, Knoblauch, Ingwer und weiße Lauchzwiebeln glasig dünsten, Rindfleisch dazugeben und 2 Minuten unter Rühren scharf anbraten. Reiswein dazugeben und weiterrühren. Fleisch herausnehmen. 1 EL Öl im Wok oder in einer Pfanne erhitzen, Karottenstifte unter Rühren braten, zugedeckt 1 Minute dünsten. Maisstärke mit Brühe und Austernsauce verrühren und hineingeben. Mit Rindfleisch gut vermischen, kurz kochen lassen, dabei rühren. Grüne Lauchzwiebeln darüberstreuen. Auf einer vorgewärmten Platte servieren.

Geschmortes Rindfleisch mit Knoblauch

醬汁牛肉

Jiangzhi Niurou
Shanghai

Lassen Sie sich nicht von der Menge Knoblauch vertreiben, die in diesem Rezept verwendet wird. Die chinesische Art, ihn zuerst in Öl zu dünsten, nimmt viel vom typischen Knoblauchgeschmack, verleiht dem Rindfleisch aber ein leckeres Aroma.

600 g Rindfleisch, 90 g Knoblauch, 3 EL Erdnuß- oder Maisöl, 3 EL Reiswein oder trockener Sherry, 1 EL dicke Sojasauce, 1 EL dünne Sojasauce, Salz, 1/2 TL Zucker, 1/4 Liter Brühe, 1 TL Maisstärke, 4 Lauchzwiebeln, 2 TL Sesamöl

Rindfleisch in 3–4 cm große Würfel schneiden. Knoblauchzehen schälen. Öl im Schmortopf erhitzen. Knoblauchzehen darin anbraten, bis sie Farbe annehmen. Rindfleisch dazugeben und 2–3 Minuten unter Rühren scharf anbraten. Mit Reiswein ablöschen und weiterrühren, bis der Wein eingekocht ist. Sojasaucen, Salz, Zucker und Brühe dazugeben, kurz aufkochen lassen, dann zugedeckt etwa 1 1/2 Stunden schmoren. Dabei ab und zu umrühren und falls nötig etwas Brühe nachgießen. Zum Schluß sollte 1/8 Liter Sauce vorhanden sein.

Kurz vor Ende der Garzeit die Maisstärke in etwas Wasser auflösen und die Sauce damit andicken. Lauchzwiebeln in 2–3 cm lange Stücke schneiden, hineingeben und 1/2 Minute mitschmoren. Zum Schluß Sesamöl darüberträufeln.

Rindfleisch mit Gemüsen

乾煸牛肉絲

Ganbian Niurousi
Sichuan

Chinesische Gerichte sind im Vergleich zu indischen oder thailändischen nicht sehr stark gewürzt. Diese pikanten Rindfleischscheibchen können dem Vergleich mit südostasiatischen Gerichten aber durchaus standhalten.

400 g Rindfleisch zum Kurzbraten, 250 g Stangensellerie, 100 g Karotten, 2 Lauchzwiebeln, 3 cm Ingwerknolle, Erdnuß- oder Maisöl zum Braten, Pfeffer, Sichuanpfeffer, 2–3 getrocknete Chilischoten (oder 1 EL Chilisauce), 2 EL Reiswein oder trokkener Sherry, 1 TL Zucker, 2 EL Sojasauce, 1 TL Sesamöl, 2 EL Essig, 1 TL Maisstärke, 1 TL Zucker, 4 EL Wasser

Rindfleisch quer zur Faser in dünne Scheiben schneiden. Sellerie und Karotten waschen bzw. abschaben, in 3 cm lange Stücke schneiden, stifteln. Lauchzwiebeln und Ingwer feinhacken. Öl im Wok oder in einer Pfanne erhitzen. Lauchzwiebeln und Ingwer glasig dünsten, Fleisch dazugeben und etwa 4 Minuten unter Rühren anbraten, bis es gar ist. Herausnehmen und warmstellen. Erneut 2 EL Öl im Wok erhitzen. Pfeffer, Sichuanpfeffer und Chilischoten darin rösten, bis sie angebräunt sind. Chilis wegwerfen (falls Sie Chilisauce verwenden, im Wok lassen). Sichuanpfeffer im Mörser zerreiben und mit Reiswein und Zucker in den Wok geben. Karotten 1/2 Minute unter Rühren anbraten. Sellerie dazugeben, 3 Minuten weiterrühren. Fleisch dazugeben, Sojasauce, Sesamöl und Essig unterrühren. Maisstärke, Zucker und Wasser verrühren und die Fleisch-Gemüse-Mischung damit binden. Heiß mit Reis servieren.

Rindfleisch mit Zwiebeln

洋葱牛肉

Yangcong Niurou
Shanghai

Wenn sie auch alle Zutaten für dieses Gericht im Geschäft um die Ecke kaufen können, ist es doch eines der typischsten chinesischen Gerichte.

500 g mageres Rindfleisch.
***Marinade:** 3 EL Sojasauce, 2 EL Maisstärke, 1 1/2 EL Zucker, 2 EL Öl, 2 EL Wasser.*
3 Zwiebeln, 2 cm Ingwerknolle, Öl zum Braten, 2 EL Sojasauce, 1 TL Salz, 1 TL Sesamöl

Fleisch schnetzeln.
Für die **Marinade** Zutaten verrühren, über das Fleisch geben, sehr gut vermischen und 1/4 Stunde durchziehen lassen. Zwiebeln schälen, in dünne Ringe schneiden. Ingwer schälen und feinhacken. Öl im Wok oder in einer Pfanne erhitzen, Zwiebelringe und Ingwer zusammen mit der Sojasauce und dem Salz etwa 1 1/2 Minuten braten. Herausnehmen und warmstellen. Erneut Öl im Wok oder in der Pfanne erhitzen, das Fleisch unter ständigem Rühren scharf etwa 3 Minuten braten. Die Zwiebelmischung dazugeben und weiter 2 Minuten unter Rühren braten.
Sesamöl darüberträufeln und heiß servieren. Als Beilage schmeckt Reis, Omelette und pfannengerührtes Gemüse.

Fritierte Rindfleischbällchen

酥炸牛肉丸

Suzha Niurou Wan
Sichuan

Die kleinen fritierten Fleischbällchen eignen sich gut als Vorspeise oder als Häppchen bei einer Party. Ihr Geheimnis ist die gelungene Mischung aus Rindfleisch, pürierten Wasserkastanien, Ingwer und Sesamöl.

Fleischmasse: *500 g mageres Rinderhack, 200 g pürierte Wasserkastanien, 1 cm Ingwerknolle, 1/8 Liter Wasser, 2 TL Salz, gemahlener Pfeffer nach Belieben, 2 EL Speisestärke, 1 Ei, 1 TL Sesamöl.*
Ausbackteig: *220 g Mehl, 2 TL Backpulver, 1/4 Liter Wasser, 2 EL Pflanzenöl, Salz und Pfeffer.*
Erdnuß- oder Maisöl zum Fritieren

Für die **Fleischmasse** alle Zutaten in einer Schüssel gut vermischen. Die Masse zu kleinen Bällchen formen, die etwa die Größe von Kastanien haben sollten. Die Bällchen entweder in kochendem Wasser etwa 20 Minuten garziehen lassen oder in einem Dämpfeinsatz 20–30 Minuten dämpfen. Herausnehmen und kaltstellen.

In der Zwischenzeit den **Ausbackteig** zubereiten. Das Mehl zusammen mit dem Backpulver in eine Schüssel sieben. Wasser, Öl, Salz und Pfeffer dazugeben und gut vermischen. Die kalten Fleischbällchen in den Ausbackteig tauchen.

Öl im Wok oder im Fritiertopf erhitzen und die Hälfte der Fleischbällchen fritieren, bis sie schön gebräunt sind. Herausnehmen und warmstellen. Die zweite Hälfte fritieren. Etwas Salz und Pfeffer in einem Schüsselchen mischen und als Würzmischung zu den Bällchen servieren.

福

Saucen und Dips

什锦汁

Shijinzhi

Sechs leckere Saucen zum Dippen von links unten im Uhrzeigersinn.

Sojasaucendip:

1 TL Sesamöl, 120 ml dünne Sojasauce

Dazu können Sie bis zu 3 TL feingehackten Ingwer und/oder dieselbe Menge feingehackte Lauchzwiebeln zugeben oder anstatt Ingwer und Lauchzwiebeln 2–3 zerdrückte Knoblauchzehen.

Alle Zutaten verrühren, auf mittlerer Hitze erhitzen, dabei rühren. Erkalten lassen und als Dip zu Gemüse oder Salaten servieren.

Gong-Bao-Sauce:

150 ml dicke Sojasauce, 2 1/2 EL Essig, 1 EL brauner Zucker, 1 EL feingehackte Lauchzwiebeln, 2 EL feingehackter Ingwer, 2 TL Chiliöl, 2 zerdrückte Knoblauchzehen, 1 TL Sichuanpfefferkörner, 2 TL Sesamöl

Außer dem Sesamöl alle Zutaten in einem Topf verrühren. Zum Kochen bringen. Hitze reduzieren und 3 Minuten köcheln lassen. Vom Feuer nehmen und Sesamöl hineinrühren. Diese Sauce paßt zu allen chinesischen Gerichten.

Schwarze-Bohnen-Sauce:

100 g fermentierte schwarze Bohnen, 2 EL Pflanzenöl, 3 zerdrückte Knoblauchzehen, 3 EL Reiswein oder trockener Sherry, 2 EL dicke Sojasauce, 1 EL brauner Zucker, 2 TL Sesamöl

Bohnen abwaschen, abtropfen lassen und pürieren. Öl im Wok oder in einer Pfanne erhitzen, Knoblauch darin glasig dünsten. Bohnen, Reiswein, Sojasauce, Zucker und Sesamöl dazugeben und unter Rühren 3 Minuten köcheln lassen. Paßt zu kurzgebratenem, geschmortem oder gedämpftem Fleisch oder Fisch.

Aprikosensauce:

125 g Arikosenmarmelade, 2 TL Obstessig, 1 TL Ketchup, 1 EL Aprikosenlikör

Alle Zutaten gut mischen. Paßt gut zu Geflügel.

Pflaumensauce:

200 g gesalzene chinesische Pflaumen (püriert und entkernt), 150 g Ananasstücke, 5 EL Ananassaft, 4 EL Essig, 75 g brauner Zucker, 3 Knoblauchzehen, 4 EL Aprikosenkonfitüre, 1 TL getrocknete Chilischote (zerrieben)

Außer der Chilischote im Mixer alle Zutaten vermischen. Mit der zerriebenen Chilischote in einen Topf geben und unter Rühren erhitzen. Hitze reduzieren und 5 Minuten köcheln lassen. Paßt gut zu geschmortem Fleisch und Geflügel.

Süß-saure Sauce:

1/4 Liter Wasser, 1 EL Maisstärke, 7 EL brauner Zucker, 5 EL Essig, 5 EL Orangensaft, 4 EL Ketchup, 3 EL Zitronensaft, 1/2 TL Tabasco, 1/4 TL Chiliöl, 1 TL dicke Sojasauce, 1 EL Grand Marnier oder Cointreau

Zuerst Wasser und Stärke in einem Topf verrühren. Alle anderen Zutaten außer Grand Marnier dazugeben. Langsam zum Kochen bringen, dabei rühren, bis die Sauce andickt. Topf vom Feuer nehmen und Grand Marnier hineingießen. Eine köstliche Sauce für alle, die Süß-Saures mögen. Sie wird kalt serviert.

Fritierte Schälrippchen

五香排骨

Wuxiang Paigu
Shanghai

Es ist wohl bekannt, daß das Fleisch am Knochen am besten schmeckt. Deshalb sind Schälrippchen in China so beliebt. Dieses Rezept kommt aus Wuxi, einer Stadt in der Nähe von Shanghai.

1 kg Schälrippchen.
Marinade: *1 Lauchzwiebel, 2 EL Sojasauce, 1 1/2 EL Zucker, frisch gemahlener schwarzer Pfeffer, 3 EL Reiswein oder trockener Sherry, 1 TL Sternanispulver, 1 Prise Fünf-Gewürze-Pulver, 2 EL Brühe, 1 TL Sesamöl.*
Erdnuß- oder Maisöl zum Fritieren

Schälrippchen in einzelne Rippen schneiden oder hacken. Abwaschen und trockentupfen. Für die **Marinade** Lauchzwiebeln feinhacken und alle Zutaten verrühren, über die Rippchen geben und etwa 1 Stunde marinieren, dabei die Rippchen mehrmals in der Marinade wenden.
Öl im Wok oder im Fritiertopf erhitzen. Marinade abtropfen lassen und Rippchen 10 Minuten fritieren. Herausnehmen, abtropfen lassen und mit Reis, gedünstetem Chinakohl oder Brokkoli servieren.

Schweinefleisch mit fritierten Eiern

元寳肉

Yuanbao Rou
Guangzhou

Beim Fritieren der gekochten Eier darf das Öl nicht zu heiß sein, da sie sonst platzen.

60 g getrocknete chinesische Pilze, 4 Eier, 1/8 Liter Sojasauce, 300 g mageres Schweinefleisch, Erdnußöl zum Braten und Fritieren, 2 Lauchzwiebeln, 1 cm Ingwerknolle, 1 EL Reiswein

Pilze 1/2 Stunde in heißem Wasser einweichen, ausdrücken, harte Stengel entfernen. Eier hartkochen, schälen und 5 Minuten in die Sojasauce einlegen, Eier mehrmals dabei umdrehen. Schweinefleisch in dünne Scheibchen schneiden.

Öl zum Braten im Wok oder in einer Pfanne erhitzen. Die Schweinefleischstreifen unter Rühren braten, bis sie fast gar sind, aus der Pfanne nehmen.

Eier aus der Sojasauce nehmen und trockentupfen. Öl zum Fritieren im Wok oder Fritiertopf nicht zu stark erhitzen und die hartgekochten Eier darin fritieren, bis sie Farbe angenommen haben. Eier herausnehmen, abtropfen lassen, halbieren.

Lauchzwiebeln und geschälten Ingwer feinhacken. Fleisch in eine hitzebeständige Form legen, Eier um das Fleisch herumlegen. Reiswein darübergießen, mit Lauchzwiebeln und Ingwer bestreuen.

In einem Dämpftopf über kochendem Wasser dämpfen, bis das Fleisch gar ist. In einem Wok oder einer Pfanne die ausgedrückten Pilze unter Rühren braten und auf eine vorgewärmte Platte geben. Das Fleisch mit den Eiern darauf anrichten und heiß servieren.

TSINGTAO

Schweinefleisch süß-sauer

古老肉

Gulao Rou
Guangzhou

Ein leckeres Rezept, das weltweit bekannt ist.

500 g magerer Schweinebauch oder Schnitzelfleisch, 1/2 TL Salz, 2 EL Sojasauce, 1 Ei, 3 EL Maisstärke, Erdnuß- oder Maisöl zum Fritieren, 1 Knoblauchzehe, 1 Zwiebel, 200 g Ananasstückchen, 2 grüne Paprikaschoten.
***Sauce:** 2 EL Maisstärke, 4 EL Wasser, 3 EL Ananassaft, 2 1/2 EL Weinessig, Salz, 4 EL Zucker, 2 TL dünne Sojasauce, 1 Spritzer Tabasco, 2 EL Tomatenketchup. 3 EL Erdnuß- oder Maisöl zum Braten*

Fleisch in 2 cm dicke Scheiben schneiden, klopfen, würfeln, mit Salz und Sojasauce verrühren. 1/2 Stunde durchziehen lassen. Ei verquirlen, unter die Fleischwürfel mischen, mit Maisstärke bepudern. Öl im Wok oder Fritiertopf erhitzen, die Fleischwürfel 2 Minuten fritieren. Abtropfen lassen. Öl im Wok lassen. Knoblauchzehe und Zwiebel feinhacken. Ananasstücke abtropfen lassen, Saft auffangen. Paprika waschen, in Stücke schneiden.
Für **Sauce** Maisstärke in Wasser auflösen, Ananassaft dazugeben und Saucenzutaten verrühren, bereitstellen. 2 EL Öl in einer Pfanne erhitzen, Knoblauch und Zwiebel glasig dünsten, Paprikastücke dazugeben und unter Rühren 2 Minuten braten. Ananasstücke unter die Sauce rühren, zum Kochen bringen. Beiseite stellen. Für den zweiten Fritiervorgang Öl im Wok oder Fritiertopf erhitzen, Fleischwürfel 2–3 Minuten fritieren. Abtropfen lassen. Sauce mit Paprika und Ananasstücken aufwärmen, 1 EL Öl hineinrühren, über Fleisch gießen und mit Reis servieren.

Schweinefleischwürfel mit Erdnüssen

宫保肉丁

Gongbao Rouding
Sichuan

Bei einem Bankett zu Ehren des früheren Provinzleiters von Sichuan wurde das Gongbao-Rezept zur Abwechslung einmal nicht mit Hühnerfleisch, sondern mit Schweinefleisch zubereitet; es fand sofort die Zustimmung der geladenen Gäste.

500 g mageres Schweinefleisch, 3 Eiweiß, 1 TL Salz, 3 EL Maisstärke, 3 Lauchzwiebeln, 2 Knoblauchzehen, 3 cm Ingwerknolle, 100 g geschälte Erdnüsse, 5 EL Erdnuß- oder Maisöl, 1/8 Liter Brühe, 2 EL Sojasauce, 2 EL Reiswein oder trockener Sherry, 2 TL Zucker, 2 TL Essig, 1 TL Sesamöl, nach Belieben Chiliöl oder Tabasco

Das Schweinefleisch in 2 cm große Würfel schneiden. Eiweiß, Salz und 2 EL Maisstärke gut verrühren und unter die Fleischwürfel mischen. Gut durchziehen lassen. Lauchzwiebeln, Knoblauch und Ingwer feinhacken. Erdnüsse ohne Öl in einer Pfanne rösten. Beiseite stellen. Öl im Wok oder in einer Pfanne erhitzen, Schweinefleischwürfel scharf anbraten, bis sie gar sind. Herausnehmen und beiseite stellen. Im Bratfond Knoblauch, Ingwer und Lauchzwiebeln andünsten, Schweinefleischwürfel dazugeben und weiter 1 Minute unter Rühren braten. Brühe, Sojasauce, Reiswein, Zucker, Essig, 1 EL Maisstärke und Sesamöl dazugeben, einige Minuten dünsten. Zum Schluß die Erdnüsse untermischen, kurz aufkochen lassen. Wer's gern scharf mag, schmeckt mit Chiliöl oder Tabasco ab.

Dreimal gegartes Schweinefleisch

東江扣肉

Dongjiang Kourou
Guangzhou

Ein Rezept vom Volk der Hakkas aus dem nordöstlichen Teil der Provinz Guangdong.

5 Lauchzwiebeln, 2 Knoblauchzehen, 5 cm Ingwerknolle, 700 g Schweinebauch mit Schwarte, Öl zum Braten, etwa 1/4 Liter Brühe, 5 EL Sojasauce, 1 EL Zucker, 1 EL Reiswein oder trockener Sherry, 1 EL Maisstärke

Zwiebeln, Knoblauchzehen und Ingwer feinhacken. Fleisch abwaschen und trockentupfen. Öl im Schmortopf erhitzen und Fleisch von allen Seiten scharf anbraten. Zwiebeln, Knoblauch und Ingwer dazugeben und kurz mit anbraten. Brühe zugießen, Hitze reduzieren und zugedeckt 1 Stunde schmoren, dabei eventuell Brühe nachgießen. Fleisch herausnehmen, Bratensaft aufbewahren. Fleisch abkühlen lassen und trockentupfen. Öl im Wok stark erhitzen und die Schwartenseite scharf anbraten. Abkühlen lassen. Fleisch in dünne Scheiben schneiden, Schwarte dranlassen, so daß Scheiben noch dranhängen. Fleisch mit Schwarte nach unten in feuerfeste Form legen. Sojasauce, Zucker, Reiswein und 1/8 Liter Bratensaft darübergießen. Feuerfeste Schüssel auf Dämpfeinsatz im Wok über kochendes Wasser stellen. Bei mittlerer Hitze etwa 1 1/2 Stunden dämpfen, dabei Wasser bei Bedarf auffüllen. Schüssel herausnehmen. Schwarte abschneiden, Fleisch warmstellen. Maisstärke glattrühren, Bratensaft in einem Topf erhitzen und andicken. Auf vorgewärmter Platte anrichten. Dazu paßt Blattspinat.

Fritiertes Schweinefleisch

焦熘肉片

Jiaoliu Roupian
Beijing

Schweinefleischscheiben bleiben außen schön knusprig und innen zart, wenn man sie zuerst fritiert und dann in einer Sauce schwenkt. Dieses Rezept kommt ursprünglich aus Shandong und wurde von Hofköchen nach Beijing gebracht.

500 g mageres Schweinefleisch, 2 EL Reiswein oder trockener Sherry, Salz, 2 EL Sojasauce, 180 g Speisestärke, 2 Eiweiß, Erdnuß- oder Maisöl zum Fritieren.
***Sauce:** 2 Knoblauchzehen, 2 Lauchzwiebeln, Öl zum Braten, 1/4 Liter Brühe, 2 EL Reiswein, 2 EL Sojasauce, Salz, 1 Schuß Essig, 1 TL Speisestärke*

Schweinefleisch in dünne Scheiben schneiden, etwas klopfen. Reiswein, Salz, Sojasauce, Speisestärke und Eiweiß verrühren und gut mit dem Fleisch vermischen. Mindestens 1 Stunde durchziehen lassen.

Öl im Wok oder in einem Fritiertopf erhitzen, Fleischscheiben fritieren, bis sie goldbraun sind. Herausnehmen und gründlich abtropfen lassen.

Für die **Sauce** Knoblauch und Lauchzwiebeln feinhacken und glasig dünsten. Brühe, Reiswein, Sojasauce, Salz und Essig dazugeben und erhitzen. In Wasser glattgerührte Speisestärke dazugeben und Sauce damit andicken. Fleischstücke kurz in der Sauce schwenken, bis sie gut damit überzogen sind. Herausnehmen und mit chinesischen Eiernudeln oder Reis servieren.

Schweinefleisch mit Wolkenohren

木樨肉

Muxi Rou
Beijing

Die Zutaten, getrocknete Wolkenohren, auch als „chinesische Morcheln“ oder Mu-Err-Pilze bekannt, und Lilienknospen, auch unter dem Namen Goldnadeln im Handel, können Sie in Chinaläden kaufen.

500 g mageres Schweinefleisch.
***Marinade:** 2 EL Sojasauce, 2 EL Zucker, 2 EL Reiswein oder trockener Sherry, 1 EL Speisestärke, 2 EL Erdnuß- oder Maisöl.*
15 getrocknete Lilienknospen, 12 getrocknete Wolkenohren oder andere getrocknete chinesische Pilze, 4 Lauchzwiebeln.
***Omelette:** 2 Eier, Salz, 1 TL Reiswein oder trockener Sherry, 1 EL Öl.*
6 EL Erdnuß- oder Maisöl zum Braten, Salz, 1 EL Sojasauce, 1 TL Sesamöl

Schweinefleisch schnetzeln. Zutaten für **Marinade** verrühren und gut mit Fleisch vermischen. 1/2 Stunde durchziehen lassen. Lilienknospen und Pilze in heißem Wasser 1/2 Stunde einweichen. Abtropfen lassen, halbieren oder dritteln. Lilienknospen längs teilen. Lauchzwiebeln feinhacken. Eier verquirlen, Salz und Reiswein unterrühren. 1 EL Öl in einer Pfanne erhitzen und darin Omelette backen, in feine Streifen schneiden. Öl im Wok oder in einer tiefen Pfanne erhitzen. Schweinefleischstreifen 2–3 Minuten unter Rühren scharf anbraten. Lilienknospen, Pilze und Lauchzwiebeln zufügen und 1/2 Minute weiter unter Rühren braten. Salz, Sojasauce und Omelettestreifen dazugeben und 1 weitere Minute pfannenrühren. Ein paar Spritzer Sesamöl untermischen und mit Mandarinpfannkuchen oder Reis servieren.

Rotgeschmortes Schweinefleisch

紅燒猪肉

Hongshao Zhurou
Shanghai

Das Rotschmoren von Fleisch ist eine Garmethode, die in Shanghai beheimatet ist, sie verleiht dem Fleischaroma eine besondere exotische Note, die man durch das Braten mit Zucker, Zimt und Sojasauce erreicht. Dann wird mit Wasser abgelöscht und weiter in den Gewürzen geschmort. Mit Hühnerfleisch, Rindfleisch oder Fisch erreichen Sie ähnlich wohlschmeckende Resultate.

500 g mageres Schweinefleisch, 3 Lauchzwiebeln, 5 cm Ingwerknolle, Öl zum Braten, 2 EL Zucker, Salz, 1 TL gemahlener Zimt, 1 Messerspitze gemahlener Sternanis, 2 EL Reiswein oder trockener Sherry, 4 EL Sojasauce, 1 EL Maisstärke

Schweinefleisch in 3 cm große Würfel schneiden. Lauchzwiebeln und Ingwer feinhacken. Im Wok oder in einem Schmortopf Öl erhitzen. Den Zucker hineingeben und unter Rühren bräunen. Lauchzwiebeln, Salz, Zimt, Anis und die Fleischwürfel darin unter ständigem Rühren scharf anbraten, bis das Fleisch gut mit dem Zucker überzogen ist. Reiswein und Sojasauce dazugeben. Mit so viel Wasser ablöschen, daß das Fleisch gerade bedeckt ist. Zum Kochen bringen, Hitze reduzieren und ungefähr 1 Stunde leicht köcheln lassen. Zum Schluß die Maisstärke mit etwas Wasser glattrühren und Sauce damit andicken.
Mit Reis, Salat oder Gemüsen servieren.

Zweimal gegartes Schweinefleisch

回鍋肉

Huiguo Rou
Sichuan

Durch das Kochen wird das Fett etwas reduziert, das Fleisch bleibt aber dennoch schön saftig. Beim Pfannenrühren in schwarzer Bohnenpaste entwickelt sich der echte pfeffrige Sichuan-Charakter.

2 cm Ingwerknolle, 1 Bund Lauchzwiebeln, 600 g gut durchwachsenes Schweinefleisch, 2 EL Reiswein oder trockener Sherry, 1 rote und 1 grüne Paprikaschote, 3 EL Brühe, 1 EL Zucker, 2 EL schwarze Bohnenpaste, 1 Chilischote, 2 Knoblauchzehen, Erdnuß- oder Maisöl zum Braten, 1 EL Reiswein oder trockener Sherry, 1 EL Maisstärke, Salz

Ingwer und Lauchzwiebeln feinhacken. Genügend Wasser zum Kochen bringen und Fleisch mit Ingwer und Lauchzwiebeln 20 Minuten kochen. Fleisch herausnehmen und abkühlen lassen. Zuerst in große Würfel schneiden, diese dann in dünne Scheiben. Reiswein darübergießen und Fleisch durchziehen lassen. Ab und zu umrühren.

Paprikaschoten waschen, halbieren, Samen und das Weiße entfernen. In Stücke schneiden. In einer Schüssel Brühe, Zucker und schwarze Bohnenpaste gut vermischen. Bereitstellen. Chilischote feinhacken. Knoblauch zerdrücken.

Erdnuß- oder Maisöl in einem Wok oder einer Pfanne erhitzen, Knoblauch, Chilischote und Paprika unter Rühren 1–2 Minuten braten. Fleischscheibchen hineingeben und die Sauce dazugießen. Weiter unter Rühren scharf anbraten, bis die Fleischscheibchen gar sind. Mit in Wasser aufgelöster Maisstärke andicken, salzen und heiß servieren.

Sesamkekse

芝蔴酥餅

Zhima Subing
Shanghai

Sesamsamen sind eines der ältesten Gewürze der Welt, die auch als Ölsaat in der chinesischen, japanischen und arabischen Küche sehr geschätzt werden.

100 g Butter oder Margarine, 80 g Zucker, 1 Ei, etwas Vanilleöl, 200 g Mehl, 1 Messerspitze Backpulver, 1/2 TL Salz, 100 g weiße Sesamsamen

Butter oder Margarine mit dem Zucker schaumig rühren, das Ei und einige Tropfen Vanilleöl dazugeben. Mehl und Backpulver in eine Schüssel sieben, Salz dazugeben. Nach und nach Mehl mit der Zucker-Fett-Masse gründlich verrühren.

Teig kaltstellen und danach zwei etwa 15 cm lange Rollen formen. Rollen in Pergamentpapier einwickeln, damit sie nicht austrocknen, und im Kühlschrank zwei Stunden kaltstellen. Die beiden Teigrollen sollten ganz fest sein.

Backofen auf 180 °C vorheizen. Backblech einfetten. Mit einem scharfen Messer Scheibchen von 1 cm Dicke von der Rolle schneiden. Die Teigscheiben in die Sesamsamen drükken. Auf dem eingefetteten Backblech etwa 15 Minuten mit der mit Sesam bedeckten Seite nach oben backen.

Herausnehmen und abkühlen lassen.

Sojakeimlinge mit Schweinefleisch

豆芽炒猪肉

Douya Chao Zhurou
Guangzhou

Ein leichtes Essen, ideal bei heißem Wetter.

300 g mageres Schweinefleisch, 1 grüne Paprikaschote, 1 cm Ingwerknolle, 3 Knoblauchzehen, 3 Lauchzwiebeln, 2 Dosen Sojakeimlinge (440 g Abtropfgewicht), 6 EL Erdnuß- oder Maisöl, Salz, 2 EL Reiswein oder trockener Sherry.
Sauce: *1 TL Maisstärke, 3 EL Wasser, 1 EL dicke Sojasauce*

Das Schweinefleisch feinschnetzeln. Paprikaschote waschen, Samen entfernen und in Streifen schneiden. Ingwer und Knoblauch feinhacken. Das Weiße der Lauchzwiebeln feinhacken, das Grüne in Röllchen schneiden. Sojakeimlinge abspülen und gut abtropfen lassen.

3 EL Öl im Wok oder in tiefer Pfanne erhitzen. Ingwer darin andünsten, Sojakeimlinge und Paprika dazugeben, salzen und unter Rühren 2–3 Minuten anbraten. Herausnehmen und warmstellen. Den Wok oder die Pfanne auswischen. Die restlichen 3 EL Öl erhitzen. Knoblauch darin andünsten, weiße Lauchzwiebeln dazugeben und mitdünsten. Schweinefleisch unter Rühren braten, bis es hell wird, dann Reiswein dazugeben und weiter 1 Minute pfannenrühren, bis Fleisch gar ist. Hitze reduzieren.

Für die **Sauce** alle Zutaten gut verrühren und über das Fleisch geben, gut vermischen. Die grünen Lauchzwiebeln dazugeben und weiterrühren. Sojasprossen auf einer vorgewärmten Platte anrichten und Fleischmasse darübergeben. Heiß servieren.

PAGODA
HUA TIAO

Sojakeimlingsalat

凉拌掐菜

Liangban Qiacai
Beijing

Sojabohnen gehören in China zu den Grundnahrungsmitteln. Aus ihnen werden eine ganze Menge Lebensmittel hergestellt wie Sojakeimlinge, Sojafleisch, Sojabohnenquark (Tofu), Sojasauce, Sojamilch, Sojamehl, Sojaöl. Die Bohnen bestehen fast zur Hälfte aus Eiweiß, enthalten kein Cholesterin und keine Harnsäure. Wer Sojakeimlinge außerdem noch selbst keimen läßt, hat auf diese Weise noch einen wertvollen Vitamin-C-Lieferanten.

300 g grüne Erbsen (gefroren oder frisch), 1 Dose Sojakeimlinge (Abtropfgewicht 220 g), 4 Tomaten, 200 g gekochter Schinken, 1 Lauchzwiebel.
Salatsauce: *Salz, Pfeffer, Zucker, 2 EL Weinessig, 1 EL Sojasauce, 1 EL Reiswein, 3 EL Erdnuß- oder Maisöl*

Frische Erbsen ausschoten und in 10 Minuten garkochen. Gefrorene Erbsen auftauen und 3 Minuten in kochendem Wasser garziehen lassen, abtropfen lassen. Sojakeimlinge im Sieb unter fließendem Wasser abspülen, gut abtropfen lassen. Tomaten waschen und achteln. Schinken in feine Streifen schneiden. Lauchzwiebeln waschen und feinhacken.
Für die **Salatsauce** alle Zutaten in einem Schüsselchen verrühren. Über die Zutaten geben und gut vermischen.

Kurzgebratener Stangensellerie

炒芹菜

Chao Qincai
Shanghai

Der kurzgebratene Sellerie entfaltet sein volles Aroma. Sie können ihn heiß oder kalt als Beilage oder als Zwischenmahlzeit servieren.

400 g Stangensellerie, 2 EL Erdnuß- oder Maisöl, ganze Pfefferkörner nach Belieben, 1 zerdrückte Knoblauchzehe, 1 Lauchzwiebel, 1 EL Sojasauce, Salz, 1 TL Sesamöl

Die Selleriestangen putzen, an beiden Enden abschneiden, harte Fäden und Fasern entfernen. Waschen und trockentupfen. Zuerst in 3 cm lange Stücke schneiden, dann stifteln. Öl im Wok oder in einer Pfanne erhitzen, Pfefferkörner darin braten, dann herausnehmen. Knoblauch und Lauchzwiebel feinhacken, in Öl kurz glasig dünsten. Dann die Selleriestifte hineingeben und unter kräftigem Rühren scharf anbraten. Sojasauce und Salz untermischen. Etwa 2 Minuten weiterrühren, Sesamöl darübergießen und vom Feuer nehmen. Sofort auf einer vorgewärmten Platte servieren.

Tee-Eier

茶葉蛋

Chaye Dan
Shanghai

Für ganz Mutige gibt es eine Zubereitungsvariante für Eier, bei der sie eine besonders schöne Marmorierung erhalten. Die Eier werden im Rohzustand ganz vorsichtig gegeneinander geschlagen, so daß die Schale Risse bekommt, dann erst werden sie in den angegebenen Zutaten hartgekocht. Aber: Vorsicht ist die Mutter der Porzellankiste. Vielleicht entscheiden Sie sich doch lieber für die sicherere Art der Zubereitung, wie sie hier beschrieben ist:

6 Eier, 2 EL schwarzer Tee, 2 Sternanis,
2 EL Salz, 2 TL Zucker, 1 EL Sojasauce

Eier in 8 Minuten hartkochen, mit kaltem Wasser abschrecken. Mit leichtem Druck vorsichtig auf der Arbeitsfläche rollen, so daß die Schale leichte Risse bekommt. Aber nicht zu stark drücken, die Haut an der Innenseite der Schale sollte ganz bleiben.

Alle Zutaten mit 3/4 Liter Wasser zum Kochen bringen, Eier ungefähr 1 Stunde darin köcheln lassen. Ab und zu Eier wenden, damit sie die Farbe überall gleich stark annehmen. Eier in der Flüssigkeit kalt werden lassen. Ganz vorsichtig schälen, die Haut sollte dran bleiben.

Eier halbieren und auf einem Bett aus grünen Salatblättern oder Gurkenscheiben anrichten.

晚山
紫翠斜
鹿銅
冥正參差煙凝
台游
攜鄉梅高

Gedämpfte Teigklößchen

叉烧包

Cha Shao Bao
Beijing

Klößchen oder Teigtaschen sind eines der beliebtesten und vielseitigsten Gerichte, die überall in China als Vorspeise, als Snack zwischendurch und auch bei Festen wie etwa dem Neujahrsfest gegessen werden. Bei der Zubereitung werden die Gäste oft mit einbezogen, was natürlich ein Riesenspaß sein kann. Wenn es nun mal gerade keinen Anlaß zum Feiern gibt, trifft man sich eben, um gemeinsam Klöße zuzubereiten und zu essen. Bei den Füllungen kann man nach Herzenslust variieren, daher eignen sie sich auch für eine sehr wohlschmeckende Resteverwertung.

Für 24 Stück

Füllung: *500 g mageres Schweinefleisch, 1 Lauchzwiebel, 1 Knoblauchzehe, 1 cm Ingwerknolle, 1 EL Salz, 2 EL Paprikapulver, 2 EL Reiswein oder trockener Sherry.*

Teig: *700 g Mehl, 1 TL Salz, etwa 1/2 Liter kochendes Wasser.*

6 EL Erdnuß- oder Maisöl, 1/4 Liter Brühe, 3 EL Maisstärke, 1/2 TL Sesamöl

Füllung: Schweinefleisch zuerst in Streifen, dann in ganz kleine Würfel schneiden. Wenn das zuviel Arbeit macht, Fleisch durchdrehen. Lauchzwiebel, Ingwer und Knoblauch feinhacken und zum Fleisch geben. Mit Salz, Paprika und Reiswein vermischen. Mindestens 1 Stunde durchziehen lassen.

Teig: Mehl und Salz in eine Schüssel geben und kochendes Wasser unterrühren. Auf einem bemehlten Brett so lange kneten, bis der Teig elastisch ist. Mit feuchtem Tuch bedekken und bei Zimmertemperatur mindestens 1/2 Stunde ruhen lassen.

Öl im Wok oder in einer Kasserolle erhitzen und die Fleischmischung unter Rühren scharf anbraten. Brühe dazugeben, Hitze reduzieren und weiterköcheln lassen, bis die Masse gar ist. Zum Andicken in Wasser glattgerührte Speisestärke unterrühren. Nach Belieben wenig Sesamöl darübergeben und in eine Schüssel geben.

Für die Teigklößchen auf einem bemehlten Brett Teig in zwei Hälften teilen und Teigrollen von ca. 2,5 cm Durchmesser rollen. Diese in 2,5 cm große Stücke schneiden und zu einer Scheibe von 8 cm Durchmesser ausrollen. Teigscheiben mit einem feuchten Tuch bedekken, damit sie nicht austrocknen.

Auf jede Teigscheibe eine Portion Füllung geben (etwa 2 EL), die Ränder nach oben klappen und zusammendrehen.

Im Dämpfeinsatz über kochendem Wasser portionsweise 10 Minuten dämpfen, bis der Teig fest ist. Auf einer vorgewärmten Platte heiß servieren.

Gebratene Teigtaschen

鍋貼

Guo Tie
Shanghai

In China nennt man diese Teigtaschen „Topfkleber“, weil sie sehr leicht am Topfboden hängenbleiben, wenn man nicht vorsichtig ist.

Für 24 Stück
Teigzutaten wie Grundrezept Seite 186
***Füllung:** 2 Lauchzwiebeln, Petersilie, Koriandergrün, 2 cm Ingwerknolle, Erdnuß- oder Maisöl zum Braten, 500 g mageres Rinderhack, 150 g pürierte Wasserkastanien (Dose), 1 Ei, 1 EL Sojasauce, 1 TL Zucker, 2 TL Salz, Pfeffer, 1/2 TL Sesamöl, 1 EL Maisstärke.*
***Dip:** 1 EL Essig, 2 EL dünne Sojasauce, Chiliöl nach Belieben*

Den Teig nach dem Grundrezept auf Seite 186 zubereiten.

Lauchzwiebeln, Petersilie, Koriandergrün und Ingwer feinhacken, Öl in einer Pfanne erhitzen und darin andünsten. Mit den weiteren Zutaten in einer Schüssel vermischen und 1/2 Stunde durchziehen lassen.

In der Zwischenzeit Teig dünn ausrollen und Kreise von etwa 7–8 cm Durchmesser ausstechen. Jede Teigscheibe am Rand mit Wasser befeuchten, eine Portion Füllung in die Mitte setzen, die eine Teighälfte über die andere klappen und am Rand zusammenpressen.

In einer flachen Pfanne Öl erhitzen, Teighalbmonde in die Pfanne setzen, sie sollen sich nicht berühren. Braten, bis die Unterseiten goldbraun sind, Teigtaschen mit etwas Wasser umgießen und zugedeckt bei starker Hitze 5–10 Minuten garen, bis die Teigfüllung richtig fest ist.

Für den **Dip** alle Zutaten verrühren und mit den Teigtaschen servieren.

JOYCE CHEN

Acht-Köstlichkeiten-Tofu

王太守八寶豆腐

Wangtaishou Babao Doufu
Shanghai

Dieses Originalrezept aus einem Kochbuch von Herrn Yüan Mei aus dem 18. Jahrhundert wurde einem Gerücht zufolge von einem Regierungsbeamten mit dem Namen Wang in die kaiserliche Küche eingeführt.

5 getrocknete chinesische Pilze von mittlerer Größe, 200 g gekochte Hühnerbrust, 50 g geräucherter Schinken, 2 Lauchzwiebeln, 1 Paket Tofu (250 g), 3 Eiweiß, 1 TL Salz, 1 TL Schweineschmalz oder anderes Bratfett, 2 EL Maisstärke, 1/4 Liter Brühe, 3 EL Erdnuß- oder Maisöl, je 30 g Walnüsse und Mandeln geschält und grobgehackt, 2 TL Sesamöl

Pilze 1/2 Stunde in heißem Wasser einweichen. Ausdrücken, harte Stiele entfernen, Hüte in schmale Streifen schneiden. Hühnerbrust und die eine Hälfte des Schinkens feinhacken, die andere Hälfte in Streifen schneiden, Lauchzwiebeln in Röllchen. Tofu im Mixer pürieren, in eine Rührschüssel geben und mit dem Rührgerät die Hälfte des Eiweißes und das Salz unterrühren, bis die Masse glatt ist. Dann das restliche Eiweiß, das Schweineschmalz, die Maisstärke und die Brühe unterrühren.

Im Wok oder einem Schmortopf Öl erhitzen, die Tofumasse hineingeben und 1 Minute unter Rühren erhitzen, bis die Masse leicht gelb wird. Hitze reduzieren. Pilze, Hühnerfleisch, Walnüsse, Mandeln und die Hälfte des Schinkens dazugeben. Aufkochen lassen, dabei rühren. Zum Schluß Sesamöl darüberträufeln, Lauchzwiebelröllchen und restliche Schinkenstreifen darüberstreuen.

Tofu nach Hausfrauenart

家常豆腐

Jiachang Doufu
Shanghai

„Zu Hause schmeckt es am besten“, das trifft sicher oft zu, auch bei diesem Gericht. Wenn Sie wollen, können sie dieses Tofugericht auch scharf nach Sichuan-Art zubereiten, dazu müssen Sie zuerst Chilischoten in heißem Öl etwa 1/2 Minute anbraten, bevor Sie die anderen Zutaten verarbeiten.

4 getrocknete Tongupilze, 250 g mageres Schweinefleisch, 2 Packungen Tofu (500 g), 2 Knoblauchzehen, 250 g Bambussprossen, 180 g Sojasprossen, 2 EL Erdnuß- oder Maisöl, 170 ml Hühnerbrühe, 5 EL dicke Sojasauce, 2 TL Maisstärke, 1 TL Sesamöl, 2 EL Reiswein oder trockener Sherry

Pilze 1/2 Stunde in heißem Wasser einweichen, ausdrücken, Stiele entfernen, Hüte in Streifen schneiden. Schweinefleisch feinschnetzeln. Tofu in 16 Stücke schneiden und abtropfen lassen. Knoblauchzehen zerdrükken. Bambussprossen in Streifen schneiden. Sojasprossen unter fließendem Wasser abspülen und abtropfen lassen.

Im Wok oder in einer tiefen Pfanne Öl erhitzen, Schweinefleischstreifen 1 Minute unter Rühren anbraten, Tofu und Knoblauch dazugeben und weiterbraten, bis der Tofu leicht gebräunt ist. Sojasprossen dazugeben und unter Rühren weiter 2 Minuten braten. Pilze, Bambussprossen, Hühnerbrühe und Sojasauce dazugeben. Hitze reduzieren und unter Rühren 5 Minuten köcheln lassen.

Mit in Wasser aufgelöster Maisstärke andikken. Sesamöl und Reiswein unterrühren und auf einer vorgewärmten Platte servieren.

Würziges Tofugericht

麻婆豆腐

Mapo Doufu
Sichuan

Das folgende Gericht wurde nach der Chinesin mit dem Spitznamen Mapo benannt, was soviel heißt wie „die Frau mit dem pockennarbigen Gesicht". Ihr Mann, der berühmte Koch Chen aus Chengdou, der Provinzhauptstadt von Sichuan, hat dieses Gericht berühmt gemacht.

500 g Tofu, 150 g mageres Schweinefleisch, 3 Knoblauchzehen, 3 Lauchzwiebeln, 5 EL Erdnuß- oder Maisöl zum Braten, Chilipulver nach Belieben, 1–2 EL scharfe Bohnenpaste, 150 ml Brühe, 2 EL Sojasauce, 2 TL Zucker, 1 EL Reiswein oder trockener Sherry, 2 TL Maisstärke, Salz, Pfeffer, 1 TL Sesamöl

Tofu abtropfen lassen und in 2 cm große Würfel schneiden. Schweinefleisch sehr fein hakken oder durchdrehen. Knoblauch feinhacken oder zerdrücken, Lauchzwiebeln in feine Röllchen schneiden.

Öl im Wok oder in einer tiefen Pfanne erhitzen, Schweinefleisch unter Rühren scharf anbraten. Chilipulver und scharfe Bohnenpaste dazugeben. Unter Rühren nach und nach Brühe, Sojasauce, Zucker, Knoblauch, Reiswein und gewürfelten Tofu dazugeben. Aufkochen lassen. Hitze reduzieren und 15 Minuten zugedeckt bei schwacher Hitze köcheln lassen. Maisstärke in etwas Wasser auflösen und Flüssigkeit damit andicken.

Mit Salz und Pfeffer abschmecken, Sesamöl darüberträufeln und Lauchzwiebelröllchen darüberstreuen. Heiß servieren.

Tofusuppe

豆腐湯

Doufu Tang
Sichuan

Eine einfache und beliebte Suppe aus den Hauptbestandteilen Tofu und Hühnerbrühe, deshalb ist sie auch leicht und gesund. Sie können diese Suppe auch als das chinesische Gegenstück unserer Hühnersuppe ansehen. Die weiteren Zutaten können Sie nach Belieben zusammenstellen. Hier ist unser Vorschlag:

5 getrocknete chinesische Pilze, 1 cm Ingwerknolle, 1 Paket Tofu (250 g), 1 Lauchzwiebel, 100 g gekochtes Hühnerfleisch, 1 Liter Hühnerbrühe, Salz, 50 g gekochte Krabben, Sojasauce, Pfeffer, 1/2 TL Sesamöl

Pilze 1/2 Stunde in heißem Wasser einweichen, ausdrücken und harte Stiele entfernen, Hüte in feine Streifen schneiden. Beiseite stellen. Ingwer feinhacken, Tofu würfeln. Lauchzwiebel in feine Röllchen schneiden, Hühnerfleisch in kleine Würfel.

Hühnerbrühe mit Salz, Ingwer und Tofu aufkochen. Hitze reduzieren, Krabben, Hühnerfleisch und Pilze zufügen und 3 Minuten köcheln lassen.

Mit Sojasauce und Pfeffer abschmecken. Sesamöl darüberträufeln, in Suppenschüsselchen geben und Lauchzwiebeln darüberstreuen.

Acht vegetarische Köstlichkeiten

八寶素什錦

Babao Su Shijin
Guangzhou

Ein gesundes Gericht ganz ohne Fleisch.

1 Paket Tofu (250 g).
Marinade: *3 EL Tomatenketchup, 5 EL Sojasauce, 1 TL Tabasco, Salz.*
15 getrocknete Tongupilze, 300 g gefrorene Erbsen, 1 Dose Sojakeimlinge (Abtropfgewicht 220 g), 2 rote Paprikaschoten, 2 Lauchzwiebeln, 250 g chinesische Eiernudeln, Erdnuß- oder Maisöl zum Braten, 1 Tasse Brühe, Salz, Pfeffer, Tabasco nach Belieben, 1 TL Sesamöl, 2 EL Reiswein oder trockener Sherry, frischer Koriander oder Petersilie

Tofu abtropfen lassen und in 2 cm große Würfel schneiden. Für die **Marinade** alle Zutaten mit dem Tofu mischen. 1 Stunde ziehen lassen. Pilze in heißem Wasser 1/2 Stunde einweichen, Stiele entfernen, Hüte vierteln. Einweichwasser aufbewahren. Erbsen garkochen, abtropfen lassen. Sojakeimlinge abspülen, abtropfen lassen. Paprikaschoten halbieren, in Streifen schneiden. Lauchzwiebeln waschen, das Weiße feinhacken, das Grüne in Röllchen schneiden. Eiernudeln in kochendem Wasser garziehen lassen. Tofu und Nudeln abtropfen lassen, Marinade aufbewahren. Öl im Wok erhitzen, Tofuwürfel anbraten. Herausnehmen. Das Weiße der Lauchzwiebeln in Öl andünsten, Paprika, Pilze, Brühe und 5 EL Einweichwasser dazugeben und 1 Minute weiterrühren. Erbsen, Sojasprossen, Tofu und Nudeln beimengen, 1/2 Minute unter Rühren miterhitzen. Mit Salz und Pfeffer abschmecken, Tabasco, Sesamöl und Reiswein untermischen, mit Zwiebelröllchen und Koriander servieren.

Wonton-Suppe

餛飩湯

Hundun Tang
Guangzhou

Natürlich kennen die meisten Europäer Wonton-Suppe von ihren Besuchen im chinesischen Restaurant, aber die wenigsten haben sie schon einmal selbst gemacht. Die Teighüllen sind nicht so schwierig, wie sie aussehen, man muß den Teig nur hauchdünn ausrollen. Am besten, Sie machen die doppelte oder dreifache Menge und frieren den Rest ein. In Chinaläden oder großen Supermärkten kann man sie schon fertig kaufen.

***Teighüllen**: 1 Ei, 420 g Weizenmehl, 1 TL Salz, etwa 1/8 Liter Wasser*

Das Ei verquirlen. In einer Schüssel Mehl, Salz und Ei verrühren und nach und nach Wasser dazugeben. Auf einem Backbrett etwa 10 Minuten lang kräftig kneten. Teig zu einer Kugel formen, mit einem feuchten Tuch bedecken und 1/2 Stunde ruhen lassen. In 3–4 Portionen teilen. Jede auf einer bemehlten Fläche so dünn wie möglich ausrollen und in 10 cm große Quadrate schneiden. Jedes dieser Quadrate mit Mehl oder Speisestärke bepudern, übereinanderlegen und bis zum Gebrauch mit einem feuchten Tuch abdekken, damit sie nicht austrocknen.

***Füllung:** 5 getrocknete chinesische Pilze, 1 Duzend Wasserkastanien, 2 Lauchzwiebeln, 1 cm Ingwerknolle, 250 g mageres Schweine- oder Rinderhack, 1/2 TL Salz, 1 EL Sojasauce, 1/4 TL Pfeffer, 1 Ei, 1/2 TL Sesamöl; 1 Eigelb zum Bestreichen.*
***Brühe:** 2–3 Lauchzwiebeln, 1 1/4 Liter Hühnerbrühe, 1 EL helle Sojasauce, 1/2 TL Sesamöl, Salz, Pfeffer*

Pilze in heißem Wasser 1/2 Stunde einweichen, abtropfen lassen und sehr fein hacken. Wasserkastanien pürieren, Lauchzwiebeln und Ingwer feinhacken. Alle Zutaten für die Füllung vermischen und 1/4 Stunde oder länger durchziehen lassen.

Teighüllen füllen, indem man 1 gehäuften TL Füllung in die Mitte des Teigquadrates gibt. Ränder mit Eigelb befeuchten, nach oben klappen und leicht zusammendrehen.

Genügend Wasser in einem Topf zum Kochen bringen, die Hälfte der Wontons hineingeben, bei mittlerer Hitze garziehen lassen, bis sie an die Oberfläche steigen. Danach noch weitere 1–2 Minuten köcheln lassen. Im Sieb abtropfen lassen. Mit der zweiten Hälfte ebenso verfahren.

Brühe: Lauchzwiebeln feinhacken. Brühe zum Kochen bringen, Wontons, feingehackte Lauchzwiebeln, Sojasauce und Sesamöl hineingeben, mit Salz und Pfeffer abschmecken.

草菇

Die Rezepte nach Gruppen

Soweit in den Rezepten nicht anders angegeben, sind jeweils zwei Gerichte zusammen für vier Personen berechnet, in der Regel ein Fleisch- und ein Gemüsegericht.

Vorspeisen und Snacks

Gemüse und Salate

Schweinefleischgerichte

Rindfleischgerichte

Geflügelgerichte

Lammgerichte

Fisch- und Meerestiere

Tofugerichte

Reis- und Nudelgerichte

Mehl- und Eierspeisen

Suppen

Süßspeisen und Gebäck

Getränk

Die Rezepte alphabetisch

Für die freundliche und kenntnisreiche Unterstützung dankt der Verlag Herrn Jinxiang Li aus Peking, der für einige Jahre ein Stipendium an der Universität Mannheim hat.

Bildquellen

Anthony/Reinhold: 22 o.
bildarchiv preußischer kulturbesitz/Paris, Nationalbibliothek: 35
Bilderberg: 22 u. (Walter Schmitz), 23 u., 46 (Frieder Blickle)
Focus: 2, 6 o., 26/27, 29 o. (Bruno Barbey/Magnum), 5 (Martine Franck/Magnum), 10 u., 38 (Hiroji Kubota/Magnum), 15 o. (Marcello Bertinetti), 51 (Peter Charlesworth/Contact Press Image)
IFA-Bilderteam: 32/33, 40 (Aberham)
laenderpress/Grabinger: 37
Sirius Bildarchiv: 9, 10 o., 12, 14, 15 u., 17, 19, 20, 29 u., 31 (Peter Carmichael), 42/43, 48/49, 54–200 (Hans Joachim Döbbelin)
Zefa: 6 u., 24 (Damm), 23 o. (Spichtinger)